El camino de retorno al verdadero Sentido de nuestra vida

Te invito a que compartas conmigo este viaje personal de reencuentro con tu verdadero SER, devolviéndote la inmensa Bondad y potencial a tu inmensa capacidad de dar amor.

Desde niño con tu inocencia quizá viste que la vida y las cosas son diferentes a cómo te las inculcan tu padres, amigos y profesores. La vida te va enseñando facetas de tu personalidad y vas forjando el carácter y mientras cada día las experiencias vividas o presenciadas te hacen sentir más confundido de cómo mismo funciona el universo, la sociedad y el lugar en que tu encajas.

Muchos lo tienen claro desde muy pequeños, otros no se dan ni cuenta y menos sienten la necesidad de saberlo, pero habemos algunos seres humanos que mientras más conocemos menos entendemos hasta que ocurren eventos que cambian el filtro con el que caminamos por este ahora y en el camino vamos encontrando las piezas del rompecabezas que finalmente revelan el sentido de nuestra vida.

Mientras más conocemos y más experiencias vivimos nos damos cuenta de que con quienes nos encontramos no son encuentros ni personas casuales, son maestros y lo más importante quizá es que despertamos la conciencia de que todo lo que hacemos tiene un objetivo, el modo como lo hacemos tiene una causalidad y en medio de tanta maravilla aprendemos a descubrir la belleza de la simplicidad, de lo básico, de lo pequeño y esos reconocimientos son los que dan luz y razón a nuestro camino por este mundo en este aquí y en este ahora.

La selección de tu familia cuando como un espíritu y energía la escogiste, la decisión de escoger tus amigos, tu profesión, tu pareja; y, allí estriba quizá uno de los más grandes dilemas cuando estando junto a alguien para compartir tu vida comienzas a sentir soledad y agobio. A veces con sabiduría y otras con desatino conversas con el Universo y le preguntas ¿qué pasa? Y el universo en forma misteriosa baraja tus cartas y te muestra las opciones, los puntos a favor de cada camino y el precio por las decisiones que tomaras.

Finalmente, cuando estas despertando y comenzando a vivir en consciencia la vida te va colocando más pruebas y obstáculos si lo queremos llamar de alguna manera, para que te reconozcas cada vez más y lo hará una y otra vez, mientras no comprendas tu misión heroica, tu porque aquí y ahora, y sobretodo seas útil y servicial al todo.

Tabla de contenido

Introducción

¿Cómo estas tu contigo mismo?, ¿Cómo matas tus demonios?

Muchas veces creo que al igual que yo muchos seres humanos vemos como nuestra vida transcurre sin mayores contratiempos y de forma normal si cabe el termino; pasamos como anestesiados y puede pensar que estamos desperdiciando los días de nuestra infancia y hasta quizá durante la juventud; ¿sin ponernos a pensar quiénes somos?, que hacemos aquí y ahora?, ¿Te has planteado para qué vivimos? Según mi opinión, todos vivimos para ser felices, para sentirnos bien en cada momento de la vida. Eso es lo que buscamos y lo que deseamos para nosotros y para cualquier persona que amamos. ¿Y sobre todo que queremos ser en el futuro mediato cuando seamos grandes y no adultos?

Hemos sido convencidos por el sistema de que estamos aquí para sobrevivir y nos han inculcado de que sobrevive el más apto, el más fuerte y ahora se inventaron el que mejor se adapta buscando una visión animal a nuestro ser. Permítanme decirles que está equivocado el sistema porque no somos seres humanos con características espirituales, sino que somos seres espirituales en un cuerpo humano. Esa es la gran diferencia.

Nacemos como los seres más indefensos de la naturaleza y venimos a aprender o reaprender todo y por ello mismo nos dejamos llevar por el sistema que según parece lo gobierna una cierta mayoría que no se quien los eligió y que se hacen llamar "el nuevo orden mundial". En resumen, su creencia nos quiere hacer depender de 3 ejes fundamentales:

1. Hacen toda una campaña mediática, llena de lugares y artistas y actores que buscan La seducción tecnócrata haciéndonos creer que de lo que se trata es tener el éxito en la vida.   Si

como lo escuchan, por todo lado nos inundan y distraen con lo que ellos laman éxito, y nos han metido en la cabeza que primero persigamos el éxito por sobre todo y todos, nos han inundado de tecnología y nos han convertido en casi robots ausentes de la realidad en donde el reino se gobierna desde las redes sociales.

2. Nos han inculcado la competencia por sobre todo y los demás, afianzando el principio de la no colaboración y cooperación social y haciéndonos seres individuales y solitarios cuando no somos, pues venimos del todo y juntos lo somos y nuestro éxito será que lo entendamos a tiempo, naturaleza, seres vivos y todas las razas y seres humanos. Pertenecemos al mismo ser creador y nos une la misma energía vital.

3. Y para dominarnos, por todos los medios ahondan el desconocimiento de la verdad acerca del correcto manejo del dinero, como método de sometimiento y dominación. Te has preguntado alguna vez ¿cómo funciona y para qué sirve?, sus usos y como opera el sistema financiero y económico en el mundo, que las rige y sobretodo y súper importante, contra que lucharon nuestros antepasados evitando que ocurra lo que hoy está pasando porque los intereses de otros así lo han decidido. Nadie te enseña la economía básica que nos permita delinear el plan de nuestra vida sustentable y amigable entre la naturaleza, sus recursos, y los animales y los seres humanos.

   Nos han enseñado de forma marcada y sutil a trabajar por y para el dinero. También nos dicen que haciendo las cosas "bien" (según las conveniencias de ciertos seres humanos) llegara el preciado dinero.

Todo esto que enuncio lo hago en un marco que nos hace vivir en la más absoluta y profunda soledad, ignorando la realidad de nuestra esencia y el real sentido de nuestra vida. Se nos ha llevado a vivir en esta absurda indiferencia, para que en conjunto con un absurdo sistema económico[1] que se basa en la escasez del dinero para darle una función de atesoramiento de valor que no debería tener, pues su UNICO FIN ERA PROPICIAR EL INTERCAMBIO.

Piénsalo por un momento, ¡esto nos ha llevado a que acabemos y depredemos los recursos limitados del único y maravilloso lugar al que llamamos nuestra casa, el planeta tierra! Haciendo que la riqueza se concentre en el 1% de la auto elegida población que se hace llamar "del nuevo orden mundial", mientras el 99% restante se debate en la pobreza. Propiciando la destrucción del planeta y la mínima consciencia y coherencia ambiental y espiritual, desviándonos del real sentido de la vida.

¿Cómo estamos?

Siento que toda esta abundante distracción ha provocado que una gran mayoría de nosotros estemos anestesiados de tal forma que mucha gente que está alrededor y la está pasando mal sin que nadie diga "¿qué puedo hacer por ti?". Muy pocos son los que hemos recibido una cultura de "buscar ayuda" y menos los que tuvieron la suerte de ser capaces de generar riqueza y ser independientes.

En esto último tiene mucho que ver el sistema educativo, en que sin lugar a dudas con la complicidad de la familia y su falta de vivir en consciencia por parte de los padres, que nos ha procurado inculcar que son las ¡buenas notas! y el YO individual lo importante y no la consciencia del mundo, la sociedad y el sentido de nuestra vida[2], que

---

[1] Leonardo Wild 2011, EL DINERO O LA VIDA, Una guía práctica para la alquimia monetaria, Fundación Pachamama, Mayor Books 2011.
[2] Joan Antonio Melé, LA DIGNIDAD HUMANA, EL FUNDAMENTEO DE LA BANCA ETICA, formador en valores,

finalmente será lo único útil en la vida. Considero que esto ha permitido que nos lesionemos fuertemente al permitir a temprana edad que se nos corte la capacidad imaginativa, se nos robe la inspiración y la intuición de la inocencia de nuestra presencia y la verdad del Ser en el ahora[3].

¿Quiénes somos y a que vinimos?

Es por ello que decidí escribir este ensayo, y compartirlo con el mundo, ya que me permitió despertar y colocarme nuevamente como un sujeto consciente, y estoy seguro que cuando lo entiendas y veas con claridad te volverá al camino para recuperar, desarrollar y aprovechar la capacidad imaginativa con que vinimos al mundo.

Permíteme explicarte porque es valioso y de que se trata esta capacidad imaginativa. Bueno la forma más simple que encontré para ustedes es decir que está compuesta por una cadena de procesos dinámicos supra sensoriales que generan "LA IDEA", sin embargo, lo más importante del proceso en comprender los siguientes razonamientos y cuestionamientos:

1. ¿Para qué se quiero crear o se creó tal o cual cosa?, e inmediatamente después debo hacer la reflexión que nos permita conectarse con la idea previa dentro del mundo físico, es decir, dentro del mundo mineral.
2. Luego lo importante es cuestionarse si ¿Hay algún sujeto detrás de "LA IDEA"?, y para ello debemos plantearnos el análisis de interno de: ¿Cuál ha sido la idea o cual es el propósito que se persigue?   ¿Qué significa su existencia?,

---

miembro del Consejo Asesor de Tríodos Bank y promotor de la banca ética. ... LO QUE NOS QUEDA POR VIVIR.

[3] Tolle_Eckhart-EL PODER DEL AHORA, Biblioteca del nuevo Tiempo, Rosario – Argentina.

¿Para qué están aquí? Y sobre todo evitando llegar al dogma materialista y reduccionista en que se nos ha categorizado, convenciéndonos de que nosotros los seres humanos venimos del animal, que hemos evolucionado y lo seguiremos haciendo, y de forma consciente aceptando que las especies superiores vienen de las inferiores. ¿Que nuestra vida es una lucha por la supervivencia?, ¿que solo los más fuertes? O "los que mejor se adaptan al entorno son los que sobreviven". Afectando banalmente nuestra salud por un trabajo que normalmente no nos gusta y que lo tomamos porque se nos inculco, por presión familiar o quizá porque este supone un buen dinero, soportando personas que matan la creatividad y coartan a los que pensamos diferente, de forma leal y sana, sin prejuicios y que solo buscamos ser útiles y ayudar a los demás.

3. ¿Pero entonces como salimos de esta necesidad y entramos en la libertad? Pero esta Libertad de ¿qué y para qué? .... bueno la excelente noticia es que esa tan ansiada libertad se trata de ser un verdadero SER HUMANO, para compartir el amor con los demás.

Pues bien, aquí permítanme hacer un par de puntualizaciones, ya que sin querer entrar en el terreno de la religión y la religiosidad del SER Creador y el Todo poderoso, es importante que entendamos, como lo dicen los textos sagrados, que fuimos creados a imagen y semejanza del ser SUPERIOR, o DIOS, o como quiera cada uno de ustedes llamarlo.

¡Dije anteriormente también que nos convencieron de la índole animal del ser humano y nos dejamos convencer de que venimos a sobrevivir! Al igual que el resto de animales, sin embargo, permítanme por favor hacer una reflexión a este respecto, ya que desde el punto de vista científico, fisiológico y natural primero eso no es así pues nos parecemos, pero no somos iguales.

Ustedes sabían que existe una ciencia llamada **la embriología animal comparada**[4] que se encarga de determinar la semejanza embrionaria de distintos seres vivos a lo largo de la evolución.

Pues bien, esta ciencia ha venido estudiando y ha encontrado que los embriones de los peces, anfibios, reptiles, de las aves y de los mamíferos son muy semejantes hasta un cierto punto del tiempo en su desarrollo, y plantea que existen tres premisas muy claras científicamente hablando:

1. Todos los embriones de origen animal SON IDÉNTICOS hasta una cierta semana de desarrollo.
2. Existe un cambio, hasta hoy inexplicable, a partir de cierta semana que es producido por una fuerza que es desconocida también por los científicos,
3. Se encontró que los embriones de los peces, anfibios, reptiles, de las aves y de los mamíferos son muy semejantes y atraviesan una transformación durante su crecimiento gestacional primero adoptando un indicador dictado por un embrión semejante a un pez, luego al de un anfibio, siguiendo luego al de un reptil, luego por un embrión semejante a un ave hasta llegar a adquirir las características de un mamífero. Esto plantea algo muy interesante pues supone y ratifica que somos iguales y luego cambiamos.

Lo propio ocurre en el análisis del cerebro, donde según los expertos tenemos una conformación llamada reptiliana encargada de la supervivencia, una que se denominó Límbica encargada de las emociones y el

---

[4] Néstor Narváez, EMBRIOLOGÍA ANIMAL COMPARADA, Slideshare.

Neocortex que se supone controla la parte racional y el racionamiento.

Resulta por demás interesante la coincidencia y parecido con el hallazgo embrionario y, es importante decir que, dentro de todo este análisis embrionario animal comparado, que el ser más evolucionado si lo podemos definir así, sobre la tierra (el ser humano) y a la vez es el más indefenso al momento de nacer y el más lento en estar listo para el mundo exterior.

Esto nos permite hacer una primera gran reflexión sobre lo que se nos ha dicho, ¡venimos solo a sobrevivir como el resto de animales, si tenemos estas condiciones de vulnerabilidad! Comencemos con este pequeño cuestionamiento para que de forma consciente ustedes vayan sacando sus propias conclusiones.

Cuando niños los seres humanos no nos guiamos por el instinto básicamente como si lo hacen el resto de animales, pues nacemos sin saber nada y tenemos que aprender o reaprender casi todo, es decir vamos a evolucionar para ir a nuestro ritmo. Tenemos la posibilidad de realizar un aprendizaje total y no nos guiamos por el exterior, sino que su impulso bien de adentro.

Entonces resulta importantísimo que podamos diferenciar que un animal genera simpatía o antipatía, todos ellos si se guían por el instinto y buscan lo que más le conviene y se sale de lo que no le conviene (es como que sabe ¡qué hacer y qué no hacer! porque nacen con instinto). En cambio, el ser humano se ubica en el ámbito de que nuestras acciones se salen de la necesidad y entran en otro ámbito que muchos llaman libre albedrio, pero que yo si me lo permiten llamare ¡la libertad!

¿Qué nos diferencia a los seres humanos del resto de seres vivos?

Carlos Sánchez

¡Pero como llego el ser humano a este nivel! Si partimos de la teoría de la evolución y hacemos un breve y grueso recuento, en el comienzo nuestros primeros antepasados humanos lucharon por erguirse y andar en dos patas, es decir tener una posición vertical que hoy es la humana ya que andar en 4 patas en cierta forma fue una forma de esclavitud.

Lo valioso de esta posición es que le permitió al ser humano marcar 3 diferenciadores fundamentales sobe el resto de animales:

1. tener un cerebro que flota en un líquido levitando para pensar y captar pensamientos universales, es decir, conectarnos con la realidad y tener más sentido de las cosas. Que nos permitirá PENSAR y estos pensamientos nos han permitido buscar y encontrar la verdad y este resultado nos ha brindado la libertad, pero por etapas, pues nos vamos haciendo libres mientras más nos desarrollamos. Tenemos la capacidad de la libertad y ahí se convierte en una habilidad si desarrollamos esta capacidad creativa.

2. Desarrollar las cuerdas vocales con las que podemos comunicarnos y mediante el lenguaje hablar y comunicarnos, y a través de la afectividad conocernos para amar. Por lo tanto, no estamos en una lucha por la supervivencia como han intentado encasillarnos, sino que esta capacidad de libertad va dirigida a dedicarnos o dar nuestra vida por y para los demás, es decir, debemos desarrollar la capacidad de AMAR con fraternidad.

3. Dejar libres las manos, instrumentos fundamentales de creación. Por esto es muy importante la CAPACIDAD CREATIVA, ya que no necesitamos alas, branquias, aletas, etc. Sino que con estos magníficos y únicos instrumentos podemos CREAR lo que necesitamos generándose el arquetipo de universales. Lo

importante es complementar los dos conceptos anteriores sobre la libertad y capacidad de crear sobre el amor (en los social y económico) en PRO de la sociedad.

Estos diferenciadores hacen que de forma sutil al desarrollar el pensamiento y la comunicación, nazca también la COLABORATIVIDAD Y COOPERACION en armonía con sus semejantes y el entorno, pues fuimos creados a imagen y semejanza del SER SUPERIO o DIOS según el libro del Génesis[5]. El hecho de que razonamos y desarrollemos pensamientos y lleguemos a ser lo que hoy somos, ya que según los neuro-científicos, eso depende en gran medida de lo que pensamos.[6]

¿El ser humano es creatividad y afectividad?

Volvemos entonces a la capacidad creativa, como un proceso dinámico que mediante un sujeto busca un plan de la CREACION siendo libres para hacer cosas por los demás por amor.

Pero lastimosamente la realidad es distinta y esto no ocurre así, sino que resulta hasta cómico que desde niños se nos educa a que busquemos ser grandes (no adultos) y crecemos para hacer y/o tener las cosas que nuestros padres no nos lo permitieron y/o que nos causan curiosidad. En muy pocas ocasiones, pues nadie nos cuenta o lo sabe, nos preguntamos ¿Por qué nos pasan ciertas cosas, o en general cosas que no comprendemos porque nos pasan?, ¿estamos de acuerdo hasta aquí?, ¿les ha pasado también?

---

[5] La santa Biblia Católica, AÑO 900 ANTES DE CRISTO PTOLOMEO II.
[6] Wikipedia, "¿Para qué vivimos? - GEMMA SEGURA VIRELLA, gemmasegura.com › PARA-QUE-VIVIMOS 2015.

¡Después de una gran búsqueda he podido capitalizar muchos conceptos y libros que he leído durante al menos 13 años seguidos buscando las respuestas de quien soy!

Esta búsqueda me ha mostrado como casi no hemos desarrollado y aprendido la creatividad para el arte de lo social y económico, pues hemos vivido creyendo la obscena idea de la supervivencia, comenzamos por las buenas notas, para tener un buen trabajo y hacer una buena carrera para ganarnos la vida. Y esto es exactamente la base del problema pues destruye y genera auto destrucción.

El sentido de la vida se basa en el sentido de la correcta educación si conociéramos a tiempo los 3 ejes por los cuales el ser humano se creó, dejando el absurdo y nocivo criterio de que debemos vivir en competencia entre nosotros y con la naturaleza. Si como lo oyen pues así nos criamos, así vivimos y hasta morimos y si lo piensan un poco, ¿NO TIENE SENTIDO VERDAD?

Los seres humanos somos seres Espirituales, esa es la verdadera esencia del ser humano, pues tenemos dentro un impulso espiritual y por eso rezamos y meditamos, porque hemos descubierto que lo llevamos por dentro. Cuando somos niños queremos conocer, entender y vivir la vida apasionadamente; pero nos metieron la absurda idea de la competencia y mediante las buenas notas nos comparamos y nos medimos contra los demás, generamos un ambiente competitivo a costa de los demás pensando solo en el beneficio individual y no en el colectivo. Por eso somos tan desunidos y los políticos nos aprovechan de nuestra riqueza y se roban de nuestra paz.

Sin embargo, lo más importante que ocurre en esta parte de nuestra vida y lo peor de todo esto es **¡que perdemos el interés por aprender y por lo tanto perdemos poco a poco el interés por la vida!** ¡Se nos enseña que más listo o vivo equivale a más competitivo e inteligente! (tú te salvas. Los demás ahí se quedan es el espíritu sobre el cual nos educamos).

Carlos Sánchez

Por lo tanto, la búsqueda del crecimiento y entendimiento de la esencia espiritual, el entender el aquí y el ahora de nuestro ser nos vuelve al camino de quienes somos y ¿cuál es el sentido de nuestra vida? y por lo tanto el porqué de nuestra existencia.

La importancia de la educación correcta en nuestro desarrollo

El desarrollar la CREATIVIDAD en armonía con el espíritu y las leyes de esta vida sin vulnerarlas, es decir, no hacer lo que se nos da en gana sino siempre pensar en los demás y en la tierra como un todo es respetar esta armonía. Con ETICA y valores humanos, descubriendo la grandeza de la vida y traer ese milagro día a día, practicándolo con todo y todos, pues mi trabajo, tu trabajo y el de todos siempre deberá ser un servicio a la humanidad entera y no actuando como un animal, es decir, por instinto.

La esencia y presencia espiritual son el YO interior y hay que declararlo y vivirlo aquí y en el ahora. No en el ayer y menos en el mañana pues ninguno existe ahora. Si no lo hacemos el peligro es perder el acceso a la libertad.

Reitero que hoy nos hemos educado para que seamos más listos los unos que los otros, hemos tenido muy poca o casi ninguna educación financiera y en las familias y en los colegios nos olvidamos de la Ética, y los valores humanos siempre mirando para el bienestar a los demás, todos en conjunto y como un solo elemento vivo.

Se nos ha reducido a repetir y aceptar todo pues eso está muy bien para el sistema que algunos se han propuesto instaurar. Es decir, nos han limitado y hasta castrado reduciendo nuestro universo.

Carlos Sánchez

La verdadera educación en casa y en la escuela nos debería formar en los tres principios básicos y lógicos de esta vida:

1. Despertar el interese por Aprender y enseñarnos a pensar, ¿qué y quiénes somos?, ¿de dónde venimos?, ¿para qué estamos aquí? Teniendo en cuenta siempre que al hacer se despierta el interés por aprender. (1 a 7 años)
2. Educarnos emocionalmente para Aprender a comunicarse de forma efectiva y afectiva, sobretodo educarnos para dar amor mediante el arte, la música, la belleza y la armonía, cursos de canto, coros, equipos deportivos. (7 a 15 años)
3. Educarnos en la ciencia, debemos Aprender a ser creativos sobre la base de la noción de la ciencia y un ser superior sea o venga de donde cada uno decida.

Es decir, debemos EDUCAR, MANOS, CORAZON Y CABEZA, en ese orden. No debemos conformarnos en vivir para adaptarnos a un medio que se destruyen que nos destruye como seres espirituales. Que nos permita tener una relación equilibrada con el dinero, entendiendo que no es el fin superior, no es lo más importante, aunque es necesario y sobre todo a ser equitativos, no iguales porque no lo somos.

¿Y cómo hacemos todo esto? Pues bien, comencemos con la pausa. Los momentos que vivimos este 2020 con la pandemia nos han hecho parar y pensar lo que estamos haciendo. Si no lo has visto o es tarde, tienes que pensar ¿qué está pasando?, ¿Qué estamos haciendo?, ¿A dónde vamos si seguimos como estábamos?

En el libro "el poder del Ahora"[7] El símbolo de la pausa, el silencio debe hacernos que nos sentemos y experimentemos la verdad. No quiero sonar extraño, pero

---

[7] Tolle_Eckhart-EL PODER DEL AHORA, Biblioteca del nuevo Tiempo, Rosario – Argentina.

estamos hablando de regresar a la Iluminación (no soy partidario ni un ilumina ti por si acaso), es decir, regresar a la alegría radiante del SER y la PAZ que la acompaña a su esencia.

No debemos buscar afuera como lo hemos venido haciendo hasta ahora, contentándonos con mendrugos de placer o realización para lograr la aceptación de los demás (ni siquiera la propia y el amarse uno mismo). Tal vez buscando una seguridad o quizá el amor que no llega. Si como lo lees bien, de eso se trata este ensayo, de que tengamos consciencia de que tenemos dentro de nosotros un tesoro infinito e inmenso (inconmensurable o sin medida) y que al mundo puedes ofrecer.

Esto lo logramos UNICAMENTE al sentir la unidad con EL SER, es decir reencontrándote con tu verdadera naturaleza. Solo allí encontraras y encontraremos (me incluyo porque este proceso no es fácil, puede ser largo y depende de tu disciplina y constancia) EL FIN DEL SUFRIMIENTO.

El obstáculo es la identificación que cada uno de nosotros tenga con su propia MENTE, pues esta hace que el PENSAMIENTO se vuelva COMPULSIVO. ¡Solo allí lograras evitar la esclavitud del pensamiento incesante!

El AMOR, la ALEGRIA y La PAZ viene de la conexión con el SER. Mucho ojo con las EMOCIONES, pues si no las controlas o si no aprender a dominarlas esto equivale a perturbaciones y dolor.

BUDA me parece que dijo que el SUFRIMIENTO se fundamenta en el DESEO, entonces si conseguimos librarnos del DESEO, eliminamos el SUFRIMIENTO. Sin embargo, yo considero que no se trata de eliminar o saltarnos algo, sino de administrar la mente y decidir.

Por ejemplo, EL RESENTIMIENTO, EL ODIO, LA AUTOCOMPASION, LA CULPA, LA IRA Y LA DEPRESION, así como LOS CELOS son equivalentes A SUFRIMIENTO.

¿Cómo nos quitamos el dolor?

La CONSCIENCIA en cambio permite el escape del dolor cuando nosotros hacemos que nuestra mente NO maneje nuestra vida. Esto no es fácil, requiere para lograrse el desarrollo de algunas habilidades que puede ser la meditación, aprender a dejar la mente en blanco que veremos más adelante.

Es importante que sepamos identificar claramente lo que es el DOLOR, y para ellos definámosla si me lo permiten de forma simple como una forma de la NO ACEPTACION. Es decir, ¡es la RESISTENCIA INCONSCIENTE A LO QUE ES! Equivale a una forma de juicio o prejuicio. Aquí también voy a incluir un concepto que vamos a revisar posteriormente y que se produce **cuando nos identificamos EMOCIONALMENTE CON ALGO, pues esa identificación o TOMA A PERSONAL produce NEGATIVIDAD**[i].

Entonces cuando más capaces seamos de HONRAR Y ACEPTAR EL AHORA, más libres de DOLOR seremos. No hacerlo significa no poder funcionar y permanecer en CONTROL, sin el tiempo para funcionar en este mundo pues este descontrol se apodera de nuestra vida y allí aparece la DISFUNCION, EL DOLOR y la TRISTEZA.[ii]

La presencia manifiesta de nuestro SER equivale a la noción precisa y exacta del AHORA, y permite manejar los aspectos prácticos de la vida. Como pueden apreciar, él AHORA debe ser el FOCO PRIMARIO de nuestra vida, a veces este AHORA puede ser INACEPTABLE, DESAGRADEABLE e incluso HORRIBLE; sin embargo, ¡les invito que aprenda que finalmente ES COMO ES! Así que acéptelo y después ACTUE. Es decir, trabaje con el como es y no contra él, pues es mejor convertirlo en aliado o amigo a declararlo su enemigo.

Permítanme ejemplificar algo de forma práctica, el dolor de un niño normalmente es causado por la INCONSCIENCIA del mundo en el que nace, esto equivale a los que llamaremos CUERPO DEL DOLOR EMOCIONAL, el cual es invisible, esta el 90% tiempo latente y si se activa al 100% el niño es absolutamente INFELIZ.

¿Por qué? Veamos entonces, sí estuvieron atentos con lo enunciado antes, el momento que NOS IDENTIFICAMOS CON EL CUERPO DEL DOLOR (lo tomamos a personal), allí este sobrevive y se alimenta, pues se fortalece y alimenta del dolor que produce y llega a DOMINARTE sin que te des cuenta siquiera y estará reflejando su propia frecuencia de energía para alimentarse de ella.

Una vez que el DOLOR te ha dominado, entonces solo quiere más DOLOR y se convierte en VICTIMA O VICTIMARIO[iii].

El DOLOR es una forma obscura que proyecta el EGO, y supervive por la IDENTIFICACION INCONSCIENTE que cada uno de nosotros hacemos con él. El SUFRIMIENTO es una ilusión y poco a poco se apodera de nuestra vida y se convierte en ANTI VIDA.[iv] Entonces si al SUFRIMIENTO aprendemos a OBSERVARLO comenzamos a ACEPTARLO, nunca lo confrontes por favor ya que solo es parte del AHORA, además como es INCONSCIENTE esto equivale a la ausencia del observador, por lo tanto debemos de forma CONSCIENTE CORTAR EL LAZO identificativo y hacer una transmuta, es decir, la ruptura interior es curada y volvemos AL SER pues somos SERES COMPLETOS Y PERFECTOS!.

Es imprescindible hacer algunas puntualizaciones más, por ejemplo, con el MIEDO, cuidado se lo CONFUNDA con AUTOPREOTECCION SALUDABLE, el MIEDO genera INCOMODIDAD, PREOCUPACION, ANSIEDAD, NERVIOSISMO, TENSION, TEMOR A LO

DESCONOCIDO Y hasta cierto punto FOBIAS. Desde el punto de vista psicológico se lo entiende como algo que podría pasar. Una posibilidad, entonces si tenemos alternativas, vamos por la alternativa por favor.

¿Qué es el miedo y como nos afecta?

El MIEDO también se lo suele asociar a una PERDIDA, AL FRACASO, A SER HERIDO. En resumen, es el MIEDO del EGO a la muerte y al IDENTIFICARME con él (tomarlo a personal) comienza tu mente a pensar que no estas equivocado, a tener la razón de forma irracional y ojo, esto es una forma de Violencia y comienza a generar pensamientos que te generar el pensar que estas AMENAZADO. Aquí es importantísimo tomar ese papel de OBSERVADOR distante sin agresividad ni actitud defensiva, comenzar a sentir realmente lo que te genera y si se afecta tu SER y solo cuando llegas a ver que no pasa nada, se produce la aniquilación porque logras controlar a tu mente, pensamientos con la presencia del SER.

Es importantísimo que con este nivel de racionalidad EVITES por todos los medios VIVIR EN ESTADO DE MIEDO.[v] Pues allí actúa la MENTE EGOISTA, es decir comienza la SENSACION DE CARENCIA O FALTA DE LA TOTALIDAD que si tienes en la presencia del SER cuando tienes consciencia de lo que está pasando.

El vivir en estado de MIEDO genera un sentimiento agitado, destructivo y constante de NO SER VALIOSO o SUFICIENTEMENTE BUENO para algo y por lo tanto te lleva a un estado de PERSECUSION COMPULSIVA de GRATIFICACIONES para el EGO. Comienzas a llenar ese vacío y se produce la generación de un falso SER tratando de sustituir al verdadero "YO SOY".

¿Cómo te das cuenta de esto? Pues la respuesta es muy fácil, comienzas a PERSEGUIR POSESIONES, DINERO,

ÉXITO, PODER, RECONOCIMIENTO O RELACIONES ESPECIALES para sentirte bien contigo mismo y sobretodo **SENTIRTE COMPLETO.**

El EGO y su participación en esta disfunción

El EGO necesita identificarse con cosas externas, necesita SER DEFENDIDO y ALIMENTADO constantemente y para ello busca posesiones, el trabajo que se hace, nivel social, reconocimientos, apariencias, tener habilidades especiales, ciertos lugares y títulos o educación en ciertos lugares o instituciones, tener acceso a ciertas relaciones sociales, tener una historia personal y familiar, ciertos sistemas de creencias o prejuicios, a menudo identificaciones políticas, nacionalistas, raciales y religiosas.

Como puedes ver y seguro ya estás pensando en este momento (porque nos ha pasado a más de uno), todo lo que hemos venido haciendo comienza a tener sentido en el sin sentido que nos trajo a estas preguntas, cuando comenzamos a sentir desde dentro que algo no marcha bien y es ahí cuando con fe te puedo decir que vas a sentir que:

La MUERTE es denudarse de todo lo que no eres, el secreto está en MORIR ANTES DE MORIR Y DESCUBRIR QUE NO HAY MUERTE[vi]. Debes avanzar hacia el AHORA al1000% y sentir cada día desde tus latidos del corazón, tu respiración y hacer todo absolutamente en CONSCIENCIA.

También te debo decir que durante este proceso el EGO se va a ver vulnerable y amenazado y vas a SENTIR MIEDO, CARENCIA y ANSIEDAD, te va a querer llevar a la raíz de INCONCSCIENCIA buscando la identificación con tu mente, entonces el truco está en QUE CONSCIENTEMENTE cuando comiences a sentir y percibir estas emociones, puedas desdoblarte y salirte del problema por unos segundos, VOLVER al PRESENTE y EVITAR por todos los medios tu IDENTIDAD con esta EMOCION, pues el EGO EGOISTA BUSCARA con este método DOMINAR tu vida.

Esto hará que se termine la ILUSION del tiempo, la COMPULSION[vii] que todos tuvimos de vivir casi exclusivamente a través de la memoria (pasado) y de la anticipación (futuro) ya que ninguno de los existe en el AHORA. Piénsalo un poco, siempre viviste en un mundo lamentándote del "whay if" o el "si yo hubiera", en lugar de actuar y hacer o sentir lo que realmente quieres cuando es, y así mismo siempre ESPERAS y desesperas por un futuro que no existe aún y que quizá no llegue a ser nunca y te deprima.

Lo recordaste, el PASADO te da una supuesta IDENTIDAD, y el FUTURO es la promesa de SALVACION, sin embargo, las dos son ILUSIONES y no existen. ÉL AHORA[viii] en cambio se constituye en algo PRECIOSO, UNICO y es el PRESENTE ETERNO mientras ocurre y es donde tú debes desarrollar y desplegar tu AMOPR, tu VIDA, tu SER. Por ello debes trabajar en meditar y colocar en silencio tus pensamientos, mandar sobre tu mente y este cambio de CONSCIENCIA de tu mente al SER en él AHORA es la clave del cambio.

Este proceso no es fácil, requiere de disciplina y que pongas mucha atención todo el tiempo hasta que se vuelva INCONSCIENTE, el vivir en el AHORA SIN TIEMPO y con tu DIOS te va a PROVEER la abundancia que buscas en PAZ Y AMOR, ambas hechas para ser vividas, pero te reitero que trae una profunda transformación interior.

¡Cómo nos ubicamos en el camino correcto de auto conocimiento!

La esencia del ZEN, es justamente vivir y caminar por el filo de la navaja del AHORA, de forma absoluta y completamente estando consciente de cada acto en el presente, esto generara una sensación en ti de la ausencia del tiempo (es como si el tiempo se dilatara) y solo ahí todos los problemas comienzan a disolverse. ¡Si como lo escuchaste!, todos dejan de existir a la vez en ese preciso momento y tu prioridad se traduce en poner atención a lo que en ese preciso instante ocurre y solo a ese instante, de modo que todo comienza a tener sentido. Es mucha información a la vez, sin embargo, debes tener claro que EL TIEMPO y la noción que tu das a lo que haces o debes hacer es lo que te IMPIDE que la LUZ llegue a tu vida[ix].

En este reino PRACTICO[x] la clave es vivir un día a la vez, dominando todos los aspectos de tu vida cuando debas hacerlo y solo en ese instante, esto hará que entres en comunión con todos los demás seres que estamos en la naturaleza. Debes observar en cada acto de tu vida el pensamiento que surge en tu mente y sentir la emoción que te produce, observar la reacción que se genera en ti SIN CONVERTIRLO en un tema personal, es decir, sin identificarte con él o tomarlo a personal. Esto se llama LA PRESENCIA DEL SER que siempre será TRANQUILA y SILENCIOSA.

Esto incluye varios conceptos importantes que de seguro te estarás preguntando, por ejemplo, que el pasado debe servirte para que aprendas de forma que no repitas los mismos errores una y otra vez; si vas a establecer unas metas u hoja de ruta para lograrlas, pero como ubicar y visualizar un futuro en función de patrones, y sobretodo el hecho de que en el AHORA tu deberás actuar APROPIADAMENTE con base en tus predicciones y en cualquier lección del pasado que será RELEVANTE y deberás aplicarla en el AHORA.

Insisto mucho en esto porque el FOCO de tu atención es el AHORA, los errores son del pasado y se aprenden de ellos en el AHORA, usas el tiempo del reloj y no el tiempo psicológico (pasado dolor, futuro salvación), ya que, si no lo haces de esta forma, a los errores los HACES TUYOS y los CONVIERTES en tu IDENTIDAD cuando te quedas en ellos, enseguida aparece la AUTOCRITICA, generando en ti la falta de PERDON y por lo tanto generándote DOLOR.

Lo importante de este último proceso es que debes poner mayor atención a los pasos y tus acciones o inacciones en el AHORA, es entonces cuando recuperas el sentido de la vida y este viaje se convierte en una divertida aventura y no solamente una NECESIDAD OBSESIVA de LLEGAR, DE LOGRAR, DE CONSEGUIR algo que cuando llega no te llena[xi]. ¿Te sientes identificado con estos últimos sentimientos?, muchas veces trabajamos para el futuro que no llega y hacemos todo lo que haga falta para llegar, es decir aplicamos el que el fin justifica los medios, es decir, planeamos llegar a un sitio diferente de donde estamos haciendo ¡el Ahora un medio y no el FIN que en realidad es! Nos concentramos en alcanzar o perseguir algún placer o emoción nueva, pensando en que, al tenerlos, adquirirlos o llegar estaremos más satisfechos o completos (es decir buscar que algo o alguien externo nos dé el sentido de la vida).

Con todo este desencaje de nuestra realidad, disminuimos nuestra vibración, nuestra frescura y el sentido de maravilla[xii]. La mente creara una obsesión del futuro como escape de un pasado insatisfactorio.

La importancia de desarrollarte como un observador

Entonces el truco está en prestar atención a cada detalle en nuestra vida cuando este se produce, ÉL AHORA es este momento y deberemos MIRARLO, APRECIARLO Y DISFRUTARLO, ¡NO INTERPRETARLO! Debemos aprender a ser conscientes del espacio que permite que él AHORA SEA, permitiendo que la condición del SER de todas las cosas SEA.

No debes jamás resistirte a lo que ocurrió en el pasado y menos a lo que es o debe ser pues te quedaras atascado en la situación vital presente que será seguramente un resultado de acciones o cosas que ocurrieron en el pasado; o quizá podrá pasar que surge La esperanza que aparentemente te mantiene en marcha, y te esclaviza y concentra en un futuro, que lo único que hará será perpetuar tu negación del AHORA, y por lo tanto que te traerá INFELICIDAD.

Por cierto, no se trata de resolver problemas, él AHORA es entender que no hay problemas, solo situación que saber manejar y aceptar. No importa lo que pase, tú no debes crear más dolor para ti mismo ni para los demás. Debes procurar no contaminar tu espacio interior, ni la psique humana colectiva ni esta hermosa Tierra.

Mucho de los que decimos, pensamos y hacemos se motiva en el MIEDO, pensando en un FUTURO y no en El AHORA, que es donde si DEBERAN HABER ACCIONES CLARAS, INCISIVAS que deben surgir de la CONSCIENCIA del momento presente. Con el tiempo y entrenamiento lo más probable es que sea EFECTIVA, ya que el despertar de la Consciencia del sueño de la inconsciencia o la locura por la materia, la forma y la separación con el SER en que vivimos será EL FIN DEL TIEMPO. Esto será un salto cuántico en la evolución de la consciencia tuya y se fundamenta en la ALEGRIA DEL SER.

¿Te has preguntado cuando estas tranquilo y en paz de donde surge esa alegría, facilidad y liviandad en lo que pasa o haces?

Carlos Sánchez

Esto no significa que deberás dejar hacer las cosas, ni tampoco necesariamente el cambiar lo que hacemos, ¡sino OBSERVAR EL COMO!, que SIEMPRE es más importante que el ¡QUE!

El COMO es el proceso del hacer, el reto entonces es que debemos PODER DARLE más atención al conjunto de acciones del día a día en lugar de solo enfocarnos en el RESULTADO.

Prestar atención plena a todo lo que ocurre en el momento presente (El AHORA), aceptando también lo que es y AL HONRARLO es que toda infelicidad y esfuerzo desaparecen. (Somos felices y agradecidos), y la vida empieza a fluir con alegría y facilidad, pues todo lo que haces **lo harás imbuido completamente de CALIDAD, CUIDADO y sobretodo AMOR.**

Deberás comenzar a pensar si es buena idea ser multitarea, pues he encontrado después de haber mal aprendido a ser así de eficiente y aparentemente productivo, que contrariamente debemos hacer todo con atención plena y considero que una cosa a la vez es la correcta manera de hacer todo, pero eso si bien hecha desde el principio, con **calidad, cuidado y honrándola y aceptando** después lo que pase en consciencia por más sencillo que sea el acto.

Si lo hacemos con ese nivel de cuidado, calidad y amor entonces no tendrás que preocuparte por el fruto de tus acciones, sino solo prestar atención a la acción en sí misma como un camino de la ACCION CONSAGRADA. (KARMA YOGA)

Debemos concentrarnos en todo lo que hacemos, no en lo que fue o menos en lo que podría ser. Es allí que la alegría del SER fluye en todo lo que haremos, pues sentirás la presencia del SER y no dependerás del futuro ni de la satisfacción, ya que este deja de ser la SALVACION que nunca llegara.

Carlos Sánchez

Al hacerlo así no estaremos apegados al resultado, vamos a disfrutar todo lo que hacemos en el AHORA, ya ni el fracaso ni el éxito son el fin, sino que CAMBIARA TU ESTADO INTERIOR. Esto es cambiar el tiempo psicológico, donde el sentido de mi vida viene de mi esencia, de mí SER Espiritual, gigante e infinito y no del pasado personal. Muchas veces la necesidad psicológica de convertirnos en algo diferente a los que somos AHORA, por no tener la consciencia de la ejecución de nuestros actos, nos hace sentirnos INCOMPLETOS.

Además, **ya no perseguiremos metas con RIGIDEZ o DETERMINACION INFLEXIBLE, que normalmente son manejadas por el MIEDO, la IRA, el DESCONTENTO o la NECESIDAD de CONVERTIRNOS en ALGUIEN que no somos y quizá no existe**. Dejamos de pedir que las situaciones, condiciones, lugares o personas nos hagan felices o infelices, de perturbarnos o irritarnos, cuando no llenamos sus expectativas.

¿Qué significa es estar en consciencia?

Al comprender esto comenzamos a conocernos de forma autentica y real; así como saber quiénes somos y es cuando encontraremos el sentido de nuestra vida. Identificaremos las cosas que no me gustan, que me alteran y les aseguro que se darán cuenta poco a poco que son nimiedades y que les dábamos un poder pues eso mismo creíamos que éramos. Todas poco a poco serán insignificantes porque son transitorias ya que somos un espíritu inmortal alegre y en paz.

Cuando lleguemos a este nivel de consciencia además tendremos más comprensión del amor verdadero y su significado con todo y todos los que nos rodean, ya que se despertara nuestra generosidad infinita. **¿Y entenderemos la frase DEN y se les DARA? Porque al que TENGA se le DARÁ MÁS, y al que NO TENGA, aun lo QUE TIENE se le QUITARA.**[xiii]

Esta última frase es fundamental, pues en realidad es la que regirá tu relación con la vida, ya que el AHORA no es un medio para cumplir una finalidad (que nunca llega) y que si se acentúa se convierte en un obstáculo y generará IMPACIENCIA, FRUSTRACION, ESTRÉS y todo será un PROBLEMA; y lo más grave es que lo veremos como un ENEMIGO, al que odiaremos, odiaremos lo que hacemos, nos quejaremos del entorno, maldeciremos de las cosas que suceden o han sucedido. ¡Como lo veamos es que SERA!, habrá señalamientos, acusaciones y generaremos una relación disfuncional con el AHORA que se reflejará en todas las relaciones y en todas las situaciones de la vida. Finalmente, aquí aplica la universal frase de que LO QUE SE CREE, ES LO QUE SE CREA.

Mientras más limitada y más egoísta sea nuestra idea de nosotros mismos, más atención prestaremos (alerta o quisquillosos) y reaccionaremos más ante las limitaciones del EGO, ante la inconsciencia de los demás, pues todos los defectos que vemos en los otros se convierten, para nosotros en su identidad y por lo tanto solo veremos el EGO en los demás, reforzando el nuestro; sin embargo lo penoso y que no sabemos es que al vivir en este estado profundo de inconsciencia lo que EXPERIMENTAMOS es el EGO viendo SU REFLEJO EN LOS DEMÁS. Al final vamos a reconocer que aquellas cosas de los demás que nos producen una reacción también son nuestras, y a veces solo nuestras, **YA QUE ESTAMOS TOMANDO CONSCIENCIA DE NUESTRO PROPIO EGO.**[xiv]

Inclusive es probable que podamos ver y que nos demos cuenta de lo que estamos haciendo a los demás, y que pensábamos de ellos nos lo hacían a nosotros. **AL VERLO Y TOMAR CONSCIENCIA entonces vamos a dar un gran paso pues VAMOS A RECONOCER LO QUE NO SOMOS**[xv]. Es un gran paso de crecimiento y podremos liberar el obstáculo de llegar a conocernos realmente, eliminando creencias o prejuicios, pues no necesitaremos alcanzar la realización que pensábamos, **¡PUES YA SOMOS LO QUE SOMOS!** Comenzaremos a realizar nuestro SER, vamos a sentir brillar la LUZ en nuestro interior.

La noción de lo que creemos SER, que está íntimamente relacionada con la forma como percibimos el tratamiento que recibimos de los demás.[xvi]

Como un ejemplo, en ocasiones me atrevería a decir que muchos pudimos pensar que:

- No me prestan atención
- No reconocen lo que hago
- Es como si no existiera

En resumen, mi pensamiento de mí mismo sería algo como "SOY UN POBRE SER NECESITADO, CUYAS NECESIDADES ESTAN INSATISFECHAS" y por lo tanto se creará una disfunción en todas tus relaciones pues creemos **QUE NO TENEMOS NADA QUE DAR.**

El ser de luz, tu reencuentro

Al llegar a conocernos y encontrarnos con nuestro SER de LUZ, vamos a poder reaccionar exactamente de la misma manera ante la falsedad o la verdad, las buenas y las malas noticias, ya que el SER no se involucra en el drama humano pues para el SER en su PRESENCIA INFINITA lo único que existe el momento presente, no personaliza los sucesos, no se victimiza de nadie y ante nadie.

Debemos tener claro que el EGO es la relación disfuncional con el momento presente o el AHORA. Aquí se plantea una increíble disyuntiva y decisión de vida que debemos pensar y decidir, pues nosotros decidimos si queremos que sea nuestro amigo, que sea amigable y lo podemos acoger. Si así lo hacemos la vida se tornará amable con nosotros; la gente nos ayudara y las circunstancias cooperaran para que lo que hagamos salga bien. Es una decisión que debemos tomar una y otra vez hasta que aprendamos a vivir naturalmente de esta manera. Este será el fin del EGO y de su identidad con nosotros en el pasado o la idea de salvación que no llega en el futuro.

Si en cambio decidimos resistirnos y pelear con lo que es, y está sucediendo en este preciso momento, y que pensamos es la realidad externa, simplemente SIEMPRE veremos el ESPEJO de NUESTRO ESTADO INTERIOR, y experimentaremos algo hostil en todo y de todos y lo más triste victimizándonos.

Entonces te has preguntado hoy ¿Cuál es mi relación con la vida ahora? Es algo que solo tú puedes reconocer con nuestros actos y pensamientos (odios, rencores, rechazos, sobrades, arrogancia, etc.). El PODER de ELEGIR y ver la disfunción que se manifiesta en cada acto es lo que hace AFLORAR la PRESENCIA, es el poder decirle si al AHORA y aceptarlo como un amigo.

Siempre debes tener presente que él AHORA ES EL PRESENTE y tu relación con la vida en todas sus manifestaciones, nunca confundirlo con el contenido, con las acciones, con la descripción del SER (pues eso es lo que sucede en el espacio). Cuando es intensa LA PRESENCIA del SER, el EGO se siente amenazado, y hará todo para generar un COMPLEJO EMOCIONAL de tu pasado, pues está anclado en LA RAZÓN Y LA EMOCIÓN, que se fundamentan en la INCONSCIENCIA a través de un flujo pesado de EMOCION NEGATIVA.

Por ello tu misión es que debes estar alerta para cuando se ACTIVE, al estar tu presente como CONSCIENCIA, la energía vibrara diferente y la atrapada en el cuerpo del dolor cambiara y alimentara la PRESENCIA del SER. Tú comenzaras a emanar un campo de energía correspondiente a nuestro estado interior en paz y alegría y todo será posible y certero.

Carlos Sánchez

Cuando aprendes a reconocer a los cuerpos de dolor (tuyos y de otros), estos buscaran generar INCONSCIENTEMENTE MÁS DOLOR, es decir, victimizarse y hacer que suceda algo malo y entonces es allí cuando entendemos por qué pasan las cosas malas, como es de forma inconsciente no somos responsables pues no sabemos lo que hacemos en realidad. Para ello es que debemos evolucionar hasta ser conscientes ya que si no lo hacemos existe un precio y ese precio pasara factura algún momento.

Por lo tanto, debemos tener clarísimo que LA RAZÓN misma de nuestra existencia en forma humana es traer a este mundo esa dimensión de la CONSCIENCIA como la PRESENCIA del SER, con su alegría, su felicidad, su Paz que es la energía del SER en su sentido COMPLETO, INMORTAL, GRANDE, HIMILDE, FELIZ AMADO Y AGRADECIDO.

El comienzo de la inconsciencia

Cuando somos niños, la fuerza del deseo es intensa ya que viene del cuerpo colectivo de la humanidad, lastimosamente es donde está el origen mismo del EGO. El NO conseguir lo que deseas desencadena un cuerpo del dolor y en los niños a veces se muestra con mal humor o retraimiento, pataletas, llanto o gritos, entonces esto marca que está en desarrollo este cuerpo de dolor. Ojo que este tipo de reacciones las podemos ver también en adultos y que se manifiestan igual, pero la diferencia es que ya sus cuerpos de dolor se suman al que recibió de los cuerpos de dolor de sus padres. Si como lo leen, los padres vemos en nuestros hijos el reflejo de lo que hay en nosotros y afecta mucho a los niños altamente sensibles, ya que a su tierna edad aparte de su descubrimiento del mundo tienen que presenciar el hecho de la locura o demencia del drama de los padres y esto les provoca un dolor INSOPORTABLE, llegando a desarrollar cuerpos de dolor muy densos en su adultez.

Debo decirles que SUPRIMIR el cuerpo del dolor propio es extremadamente toxico, ya que puede ser tan intenso el anhelo insatisfecho de amor y atención de los padres que pueden generar odio o hacerlos pensar incluso que no fueron deseados.

Pocos o casi nadie entiende y maneja su cuerpo de dolor, es mas muchos pensamos que somos sanos y no lo tenemos incluso. Me atrevo a decir que todo esto te puede resultar confuso y que menos sabemos manifestar de forma consciente nuestra PRESENCIA y tener CONSCIENCIA de nuestro SER ESPIRITUAL. Reconocerlo es la misión y la razón de nuestra existencia en esta forma humana es traer a este mundo esa dimensión de la CONSCIENCIA, que la hemos llamado la PRESENCIA del SER.

Volviendo al tema de los deseos insatisfechos de los niños (y adultos malcriados), debo decir que SIEMPRE es preciso NO CEDER, y mantener la NO REACCION ante estas actitudes sin embargo también debo decirles que hay que se debe por todos los medios buscar conversar con el niño cuando este SERENO, haciéndole desarrollar con preguntas la característica de OBSERVADOR, es decir, desarrollar su PRESENCIA.

Por favor ni se les ocurra Jamás, NUNCA deben condenar o criticar su actitud, ya que esto generara más dolor. Solo debemos mostrar INTERES O CURIOSIDAD ya que los seres sensibles absorben el cuerpo de dolor de los padres y debemos ayudar no se identifiquen con él y lo reconozcan como tal, pues si lo hacen comienza el proceso de NEGAR el AHORA, lo toman a personal y generan INFELICIDAD y esto dependiendo de la carga y tamaño de ese dolor producirá reacciones que muchas veces pueden ser desproporcionadas. Los cuerpos de dolor grandes se vuelven pesados y fácilmente encuentran razones para sentirse ALTERADO, MOLESTO, AFLIGIDO, TRISTE O TEMEROSO y con cosas relativamente insignificantes, que en otros seres humanos normales y sanos producen un encogimiento de hombros y quizá una sonrisa, son la causa aparente de un sufrimiento intenso. Debo aclararles que no son la causa del dolor, ¡sino el desencadenante! y revive las EMOCIONES ACUMULADAS o lo que conocemos como el famoso ESTAS CARGADO. Estas Emociones se quedan en la cabeza, donde se amplifican e imprimen de energía a las estructuras egoístas de la mente, pues el EGO es altamente EMONIONAL, lo utiliza de pantalla y lo expone... Todas esas acciones violentas de las que después nos arrepentimos viene del cuerpo del dolor que se alimenta a si mismo con ellas. Es muy difícil distanciarse de tu historia cargada de EMOCION NEGATIVA, es mucho peso y hace que confundas la realidad. Además, la emanación de energía de estos cuerpos de dolor activos es muy particular, y resulta en ocasiones desagradable a los demás; es por ello que se apartan o reducen al mínimo la interacción con las personas que la portamos sin tratamiento.

Otros en cambio sienten hasta una agresión dirigida contra ellos por quienes poseen estos cuerpos densos de dolor, y reaccionan incluso con groserías y ataques verbales y físicos contra las personas que los tienen. Esto significa que hay algo en su interior que resuena en sintonía con este cuerpo del dolor y esa reacción es su reflejo de su propio cuerpo de dolor.

La solución es NO PENSAR, NO JUZGAR, y aplicar la técnica de no comer AJÍ que según el acrónimo significa:

- A de no ASUMIR,
- J de no JUZGAR Y
- I de INTERPRETAR

Como manejar tu cuerpo del dolor

Utilizando la mayéutica, preguntar con curiosidad y sin condena o critica, de modo que como un observador contextualices y apliques la ESCUCHA ACTIVA, se atentó a todos estos indicios y hechos de modo que siempre estés alerta y abierto e intensamente presente. Se trata de encender al máximo la intensidad de la LUZ de tu SER que dulcifica a los demás. A veces no reaccionar ante alguien por alguna circunstancia no confirma la realidad de su historia, es decir, sus pensamientos y su cuerpo del dolor que tiene y acarrea y por lo tanto pronto eso le permite experimentar su PRESENCIA. Estar Presente ayuda a ambos, pero sobre todo a quien no acude al llamado a la reacción y siempre será mejor que hablarlo o decir algo al respecto. Esto se conoce como el ZEN y se le denomina a la acción SATORI (un momento de presencia en el otro).

Cuando aprendemos a reconocer el afloramiento del cuerpo del dolor es cuando entendemos que factores lo activan, sobre que situaciones o cosas que los demás hacemos o decimos reacciona, y lo vamos a ir reconociendo muy rápido cuando estamos alerta. Cuando estamos en nuestra PRESENCIA con nuestro SER, no nos identificamos con los cuerpos de dolor y por lo tanto no le hacemos el juego, no se apodera de nosotros. En cambio, en el modo normal que hoy conocemos desencadena una reacción al tiempo y muchas veces brutal generando más dolor.

Vivimos un momento de la civilización en que hay muchas distracciones que nos impiden despertar nuestra CONSCIENCIA, dejamos que se nos manipule y muchas distracciones o preocupaciones ocupan nuestra mente, las controla con MIEDO, IRA, DEPRESION, y producen esa distorsión de nuestra mente y produce pensamientos que generan acciones que perturban nuestras relaciones. Por todos los medios se busca que permanezcamos en este estado de inconsciencia que identifica a la mente a la emoción y nos pone siempre a la defensiva y todo ello nos lleva a decir y hacer cosas destinadas a incrementar y acrecentar la INFELICIDAD INTERIOR Y LA DEL MUNDO.

Estos cuerpos de dolor pesados de la adultez suelen ser muy fuertes y la vida se tornará INTOLERABLE, llevan a que el cuerpo en un momento ya no soporte más dolor ni drama, ni la tensión extrema a la que los hemos expuesto; y hacen que se desarrolle una enfermedad o alguna disfunción. Podemos sufrir un accidente o cometer actos de violencia física y hasta el punto de no soportar un día más nuestro ser infeliz. Debe quedarnos claro que el dolor es parte de ese falso SER que se convierte en víctima o victimario tratando de sustituir al verdadero yo...

Nuestro SER es infinito y debe llegar a ser inmutable ante la personalización de las emociones sean estas buenas o malas, ya que esa identificación nos pone en un estado momentáneo de locura e inconsciencia; cuando lo logremos canalizar podremos comenzar a controlar la energía y la haremos fluir.

La PAZ INTERIOR, la alegría y felicidad pasa a ser nuestra primera prioridad, ¡es el vehículo que hace despertar nuestra PRESENCIA y a asumirla y se convierte en lo más importante del HACER!

Al no identificarnos con estas emociones e identificar el cuerpo del dolor del otro o de uno mismo, transmutamos el acto o hecho en el AHORA y por lo tanto impedimos que la vieja emoción se suba a la cabeza y se apodere de nosotros. Pero ten mucho cuidado, no es fácil, cuando sientas el cuerpo del dolor no debes CAER en el error de que hay algo malo en ti, pues al EGO le encanta engañarnos y que seamos parte del problema; debemos RECONOCER y ACEPTAR el AHORA que implica permitirnos sentir lo que sea que estemos sintiendo en ese momento ya que es parte de la existencia del AHORA, sin embargo, no podemos DISCUTIR con lo que ES y ACEPTARLO COMO VIENE (si lo hacemos, será a costa de sufrimiento).

Al aceptar nos convertimos en lo que somos (bastos y espaciosos), no seremos PERFECTOS sino INTEGROS, es decir ser uno con todo y con todos a la vez.

Carlos Sánchez

Repito algo que dije antes, no podemos definirnos con el contenido de nuestra vida (lo que percibimos, pensamos, experimentamos, pensamos o sentimos), eso es un error IDENTIFICARSE CON TODO ESO, no trates de COMPRENDER O EXPLICAR lo bueno o lo malo, eso es una ilusión. Lo importante y primordial de la vida es la relación de tu PRESENCIA en el AHORA, cualquiera forma que adopte, con lo que ES o SUCEDA, pues decir HACERLO es tu relación con el SER y la vida.

Sugiero que la ACOJAS como a tu amigo, siendo amigable independientemente de la forma en que se presente.

El EGO te inducirá a RESISITIRTE, a menospreciarlo o a no hacer caso del AHORA y te llenara de sentimientos como el temor, la ansiedad, la expectativa, el remordimiento, la culpa y la ira, que son disfunciones del estado de Consciencia atrapado en el tiempo psicológica del doloroso pasado o el salvador futuro que nunca llega.

Si en cambio el EGO te hace verlo como un obstáculo a superar, pondremos tensión a la que comúnmente se llama pruebas de vida, y surge la impaciencia, la frustración y el estrés. Todo será un problema a resolver para ser felices.

Por ello insisto en que debemos poner la más alta calidad carente de negatividad, repartiendo amor y cuidándote y a quienes te rodean, con respeto y consideración siempre para no crear más dolor propio o ajeno, no contaminar mi espacio y el del resto del mundo.

Todas las acciones tuyas de hoy en adelante deberán ser CLARAS y PRECISAS sobre el hecho y no la persona y deben surgir de la CONSCIENCIA del momento oportuno, no antes ni después del hecho ya que pierden energía. De ser necesario se dará un NO contundente y firme pero respetuoso. Debemos dar mucha atención AL COMO más que al QUE, al proceso de HACER con gozo y felicidad disfrutando del más mínimo detalle sin esperar nada del resultado. Aquí es donde intervienen las enseñanzas del pasado para no COMETER los mismos errores, sacando sus enseñanzas y convirtiéndolas en aprendizaje, Puedes establecer metas y trabajar para lograrlas siempre enfocado en hacerlo en el AHORA con alta calidad (sin negatividad), consideración y cuidándote y a los demás.

Esto debe ser el libre albedrio en CONSONANCIA con el Orden SUPERIOR. El mundo trata de confundirnos en el juego de la FORMA HUMANA Y SU LUCHA POR SOBREVIVIR en donde solo los más fuertes o que mejor se adaptan sobreviven, y la gran noticia que les traigo que SOMOS SERES ESPIRITUALES que salimos de esta ficticia NECESIDAD de sobrevivir a la libertad para decidir y compartir con amor.

Entonces volvemos al inicio donde dijimos que debemos EDUCAR MANOS (el hacer), CORAZON (el amor colaborativo y comprensivo) Y CABEZA (en pro de todos en lo social y económico), en ese orden. No debemos conformarnos en vivir para adaptarnos a un medio que se destruye y que nos destruye como seres espirituales. Que nos permita tener una relación equilibrada con el dinero, entendiendo que no es el fin superior, no es lo más importante, aunque es necesario y sobre todo a ser equitativos, no iguales porque no lo somos.

Me estaba olvidando que al tiempo que aprendemos a reconocernos también debemos disminuir el EGO, es decir, dejar que cuando nos critiquen, ofendan o culpen; nosotros aprendamos a callar en lugar de replicar. Algunos podrían decir que vamos a permitir que el AMOR PROPIO quede disminuido, sin embargo, lo que estamos haciendo es que tomemos consciencia de lo que siente en nuestro INTERIOR. Esto parecería que nos empequeñece, y contrariamente, al poco tiempo se amplía el espacio interno y te sentirás inmensamente vivo cuando sea tu PRESENCIA, tu VERDADERO SER quien ocupe todo ese espacio y sin hablar tu presencia se manifieste en el otro (ZEN-SATORI). AL SER MENOS, NOS CONVERTIMOS EN MAS. El verdadero PODER se consigue brillando a través de la forma aparentemente debilitada. NIEGATE A TI MISMO, PRESENTA LA OTRA MEJILLA (sin invitar al abuso o convertirte en una víctima de las personas inconscientes por supuesto). En algunas ocasiones si será necesario exigirle al otro con mucha firmeza que tenga cuidado y esto únicamente tendrá PODER cuando no haya posición defensiva de tu EGO, ¡no sé si me hago entender! Es cuando tus reacciones están privadas de la fuerza de reacción.

Otros signos de que vas por el camino correcto son por ejemplo cuando nos sentimos tan satisfechos de no sobresalir, de no ser nadie en particular sino solo tú mismo. Es cuando entras en consonancia con el PODER DEL UNIVERSO. Vas evitar alardear, ser especial o dejar una impresión o exigir atención. También puede implicar abstenerse de expresar una opinión y vivir en paz; no juzgar nada ni a nadie y dejar que todo sea como es, repito sin identificarnos con los sucesos ni nos resistimos a lo que es y somos solamente uno con lo que nos sucede.

Vivir un día a la vez, es como se aprende a aceptar. Aprender a observar el pensamiento sin sentir la emoción, allí comienza el desapego a las cosas, a los resultados, y a las expectativas.

Entonces podemos decir que NO JUZGAR, NO RESISTIR Y NO APEGARNOS son los secretos de la verdadera libertad. Las cosas son efímeras, las situaciones son transitorias. Por ello luchar por cosas es un error, eso nos impide disfrutar más y mejor de lo bueno que se nos ofrece en este mundo. Disfrutar de los placeres del mundo sin temor a la pérdida o sin angustia frente al futuro ya que no existe. Dejamos de darles la importancia que hemos mal interpretado y ese peso que no tienen en realidad.

Carlos Sánchez

Aprender a cuidar tus pensamientos y decir a tu mente YO MANDO AQUÍ

Por otro lado, nuestras mentes están atestadas de pensamientos (en cosas materiales, cosas por hacer o cumplir llena de cosas en que pensar menos en lo esencial, la quietud y calma del SER). Todo este surgimiento de la consciencia del espacio y el entendimiento y convencimiento del cambio debe venir acompañado del equilibrio que debe existir entre la mente, el cuerpo y la consciencia. La evolución en este AHORA busca que lo equilibremos liberando al EGO del materialismo en que vive.

Repasando hasta aquí tenemos que:

1. No tomaremos nada demasiado en serio y menos a personal.
2. Vamos a vivir la vida con despreocupación, pero haciendo todo con alta calidad, cuidando a os demás y sin negatividad.
3. Enseñar todo por medio de la risa, disfrutando de todo por más insignificante que parezca.

El "YO SOY" es sentir LA PRESENCIA, mediante la respiración permitiremos llegar a la quietud y enfoque al inicio del proceso de meditación que nos obsequiará claridad en cada día.

Debes comprender que todo esto te permitirá que te ames profundamente, amarte no es EGOISMO, pero cuidado al sobre amarte rechazas a los demás. No te pido ser condescendiente contigo pues eso te convierte en una carga y censura para los demás. Y muestra una necesidad de aceptación como si la opinión de los otros es mejor que la tuya misma. Nunca dudes de ti mismo, no practiques la autocensura. Acepta y agradece cumplidos con un simple gracias sin más.

Ahora bien, **el éxito así como la felicidad no deben perseguirse, sino seguirse**[8]. ¿Bueno y dirán que es esto? Como en este punto ya descubrimos cual es nuestra misión en nuestra vida, habrá que descubrir tu acción heroica, la cual visualizaras y la crearas. El precio de la grandeza es la responsabilidad sobre cada uno de nuestros pensamientos[9].

TENER PACIENCIA Y VIVIR EN LA CONSCIENCIA que todo los que pienses ser y hacer llegara tarde o temprano es verdad. Por lo tanto, ya has dado un gran paso al leer este libro pues si te preparas debidamente, evitaras fugas de energía, ya que al final si te quedas sin energía, toda tú creatividad, tu optimismo y tu motivación desaparecerán dejándote exhausto. Por ello es fundamental que aprendas todo lo anterior como un comienzo pues te liberaras de las preocupaciones. Sin embargo, debes recordar el tan conocido MENTE, CUERPO Y ALMA, verdad, ya que ahora vamos a fortalecer la mente, el enfoque y los objetivos que persigues como una misión o acción heroica con serenidad para que vivas plenamente

Para ello vamos a limpiar los pensamientos negativos, generando inmediatamente pensamientos opuestos y ejemplares. Esto como un ejercicio obligatorio para sanear de basura el templo que es nuestra mente,

Debemos entender que la calidad de lo que pensamos determina la calidad de nuestra vida. "No puedes permitirte el lujo de un solo pensamiento negativo". Todo es creado dos veces, primero se crea en la mente con un pensamiento (es la visualización) y en segundo lugar en la realidad que moldeas de tu vida.

---

[8] Robín S. SHARMA, "EL MONGE QUE VENDIO SU FERRARI" 1 de febrero 2015.
[9] Robín S. SHARMA, "EL MONGE QUE VENDIO SU FERRARI" 1 de febrero 2015

Debes visualizar quien ERES AHORA, ya aprendimos a aceptarnos completos, íntegros, únicos e irrepetibles ¡verdad!, pues bien, eso no quita que quieras reforzar algo que te guste sobremanera y bien puedes visualizar quien quieres SER y ALCANZAR en la vida, así como el plan de cómo puedes lograrlo, todas las virtudes que deseas tener en la vida. Para comenzar pasa imágenes inspiradoras e imaginativas por la pantalla de tu mente, todas las cosas maravillosas que quieres empezaran a ocurrir y es como que el universo conspira (en buena onda) para que esto ocurra.

Einstein me parece que fue quien dijo que **"la imaginación es más importante que el saber"**[xvii] En efecto y como dijo este gran personaje, es ahí donde aparece otro concepto que seguro has escuchado como el "PODER MAGNÉTICO DE LA MENTE" o la llamada ley de la atracción.

Es de la vida misma, una merma en tu vida es una merma en tus pensamientos. No hay nada noble en ser superior a otra persona, la verdadera nobleza radica en ser superior a tu antiguo YO cada día. Y también y súper importante es que, para mejorar tu vida, debes CONVENCERTE que debes correr tu propia carrera, no importa lo que la gente pueda decir de ti, lo importante es lo que tú te digas a ti mismo. No te preocupes de las opiniones ajenas siempre y cuando sepas que estás haciendo lo correcto.

¿Recuerdas del libre albedrio? Pues bien, puedes hacer lo que gustes siempre y cuando a tu consciencia y a tu corazón les parezca justo, esto no se trata de que alguien externo te cuide o corrija sino de que tú mismo aprendas el balance y equilibrio de todos tus actos. Jamás te avergüences de hacer lo que consideras correcto, la vida es un océano de decisiones y solo tú serás quien decide lo que está bien y debes afirmate a ello, y por el amor de dios, no caigas en el toxico habito de medir tu propia valía en función de la valía de los demás. Jamás te compares ni dejes que lo hagan (cuando digo dejes, me refiero a que no hagas caso sino conócete y se tu a libertad) Eres único e irrepetible.

Para hacer todo que hasta hoy hemos revisado (y que parece interminable) debes aprender a dominar tu mente y ¿cómo se hace eso?, bueno se hace a través de cuidar y cultivar nuestros pensamientos (como en un huerto), vamos a concentrarnos en un jardín exuberante, hermoso con flores hermosas, vamos a meditar en él y vas a decir a tu mente que tus eres quien manda y le ordenaras que se ponga en blanco.

Como dije antes, cultiva tu mente como un jardín, poda los malos pensamientos (una técnica es apenas vez uno malo pon uno bueno más grande) y ayuda a los buenos pensamientos a florecer más allá de tus expectativas (haciéndolos realidad).

La calidad de tu vida viene dada por la calidad de tus pensamientos, y para tu tranquilidad quiero que sepas que no existen errores (la autocrítica o critica externa), debes aprender a verlo solo como lo que son, ósea un conjunto de lecciones que tú debes considerar, revisándola como verdaderas oportunidades de mejora personal, de expansión de tu SER y finalmente y no menos importante, que se traduzca en tu crecimiento espiritual.

El secreto de la felicidad es simple ya en este estado al que hemos llegado. Para que te sirva de guía si me lo permites te sugiero que te preguntes de forma muy consciente ¿qué es lo que más te gusta hacer en tu día a día? Que averigües sinceramente si lo que haces te llena o existe algo más para lo que tienes un virtud o don especial.

¿Para que eres bueno?, ¿Qué te apasiona?, El camino de auto esclarecimiento, auto conocimiento y auto control

Te cuento que para algunos nos resulta difícil tarea esta, ya que pensamos que lo que hacemos es especial, o a otros nos gusta hacer de todo, sin embargo, siempre habrá algo que disfrutas de hacer de manera que se te pasan las horas. Te invito a que revises la carrera que escogiste, y si aún no lo haces para escogerla lo medites antes de hacerlo.

Hasta aquí espero que me hayas seguido y no tengas dudas, y si las tienes te aconsejo que revises nuevamente el material porque es muy importante que avancemos ya con al menos una idea de aquí en adelante; la cual podrá cambiarse o mejorarse con los siguientes pasos.

Bueno, cuando ya estamos claros del mundo externo y su interacción con mi verdadero YO, tu PRESENCIA, TU SER en el AHORA, nos vamos a enfocar en el bien HACER (el QUE y los COMO) y para ello vamos a guiarte en tu encuentro de para que eres BUENO, que es lo que AMAS o te APASIONA, ves que el mundo lo necesita y hasta te pagaran por ello, estarás cerrando lo que en la cultura japonesa llaman el circuito llamado IKIGAI[10], o la razón de vivir.

---

[10] De acuerdo con la sabiduría milenaria japonesa, todo el mundo tiene un IKIGAI. El término **IKIGAI** se compone de dos palabras japonesas: IKI (生き), que se refiere a la vida, y KAI (甲斐), que aproximadamente significa «la realización de lo que uno espera y desea». ... Incluso si una persona siente que el presente es sombrío, pero tiene un objetivo en mente, puede sentir el IKIGAI

El término IKIGAI (生き甲斐) hace referencia a nuestra razón de vivir, aquello que da significado a nuestra vida, algo por lo que merece la pena vivir y nos hace estar plenamente satisfechos y felices con la dirección que tomamos en nuestras vidas dirige todas tus energías hacia ello pues haciéndolo la abundancia iluminara tu vida y todos tus deseos se cumplirán sin esfuerzo.

A continuación, un gráfico que representa los conceptos y las relaciones que lo componen y que vamos a desmenuzar juntos. Y estoy seguro que te estarás preguntando: ¿Cómo encontrar mi IKIGAI?

Los 4 aspectos importantes que rigen este conocimiento son:

1. Lo que AMAS hacer, has una lista de las cosas que disfrutas y prefieres hacer sobre las demás.

2. En lo que ERES BUENO, has una lista de las cualidades o dones que tú has identificado que tienes en la experiencia que has vivido hasta hoy
3. Lo que el Mundo y la sociedad NECESITAN, y
4. Por lo que te pueden PAGAR.

Para guiarte mejor en este proceso y como podrás apreciar, parece teoría de conjuntos de algebra y existen intersecciones importantes entre los 4 círculos principales descritos hasta aquí. Entre lo que AMAS y ERES BUENO esta lo que te APASIONA:

- La PASIÓN = Afición + las Habilidades especiales que tienes. Lo primero es descubrir tu pasión, tu "chispa", tu gasolina. Lo que hace que nunca te detengas a pesar de cualquier cosa.

Entre lo que ERES BUENO y por lo que te PUEDEN PAGAR esta tú PROFESION:

- La PROFESIÓN = Habilidades + Mercado/Demanda, para esto debes ubicar y conjugar tus mayores habilidades y conjugarlas con lo que demanda la sociedad y el mercado, es decir quién y que está buscando y dispuesto a pagar por tu servicio.

Entre Por lo que te pueden PAGAR y lo que NECESITA el MUNDO está la vocación, que podríamos decir que es la inclinación a una carrera, actividad o profesión. El término proviene del latín *vocatio* y, se constituye en la inspiración con que TU SER te llama al HACER, y normalmente concuerda con los gustos, los intereses y las aptitudes de cada persona.

- La VOCACIÓN = la sociedad y sus necesidades, Mercado/Demanda + Valor que vas a entregar y por el cual te van a pagar.

Y finalmente entre lo que Necesita el Mundo (la sociedad) y lo que AMAS, está la MISION:

- La MISIÓN = Afición + el Valor que puedes crear y aportar a quien lo necesita.

Además existen zonas curiosas que complementan el análisis y que debemos tener en cuenta, por ejemplo, la intersección entre lo que AMAS, para lo que ERES BUENO y por lo que te PAGAN genera una área que da un sentimiento de **Satisfacción pero sumado a un sentimiento de inutilidad** (si no lo unes a la necesidad real del MUNDO), en cambio entre páralo que ERES BUENO, por lo que te pueden PAGAR y lo que NECESITA el MUNDO puede haber un espacio **Confortable pero una sensación de vacío** (pues no te llena interiormente ya que quizá no te gusta). Entre por lo que te pueden PAGAR, lo que NECESITA el MUNDO y lo que AMAS puede haber un espacio de **entusiasmo y complacencia, pero una sensación de incertidumbre** (si es que haces algo para lo que no eres BUENO), y finalmente entre y no menos importante la intersección entre lo que NECESITA, el MUNDO, lo que AMAS y para lo que eres BUENO puede generar un espacio de **Goce y realización sin Riqueza** (ya que quizá no te paguen por hacerlo y eso podría generarte problemas de subsistencia).

Como puedes ver es un importante momento de consciencia en el que debes revisar todos y cada uno de los cuadrantes de estos 4 grandes círculos, y enfocarte en estar en equilibrio, de modo que cubras la perfecta intersección de los 4 pilares fundamentales del IKIGAI y ello en PAZ y ALEGRIA te permitirá conocer el sentido y razón de tu SER en el AHORA a través de tu MISION.

Es importante decir que todo este proceso se fundamenta en la PERSEVERANCIA y el AFAN que tú conscientemente pongas para MEJORAR OTRAS VIDAS. No te olvides de que ¡mientras más sirves, más cosechas!

Como cuidar tu mente y hacerla tu aliada en el proceso

La mente es un fértil jardín y para que florezca hay que nutrirlo, a través del cual vas a llegar al momento en que sepas que quieres obtener de la vida en lo EMOCIONAL (amor puro, sincero e incondicional); MATERIAL (holgura económica y paz financiera, ser un líder y tener liderazgo), FISICO (Gozar de salud y vitalidad, lucidez hasta el final de tus días) y ESPIRITUAL (serenidad, autodominio y esclarecimiento). Sin embargo, debo decirte que ¡el propósito de la vida es una vida con propósito!

Debes definir claramente tus prioridades en cada uno de estos 4 ámbitos, encontrando primeramente ¿dónde estás? y luego ¿qué camino debes seguir? hasta llegar sin olvidarte que debes aprovechar cada día pues lo hermoso es el camino y no el resultado solamente.

En este momento es cuando comienzas a aceptarte y valorarte por todo lo que fue y lo que no, fueron decisiones que te han traído a este momento (no compararte, no envidiar, no criticar, ver el hecho y señalarlo firme pero con respeto cuidando a las personas y de no herir su autoestima, conversar y convencer antes que ordenar, no pelear, no humillar, y menos ultrajar, mejorar siempre tus formas y maneras de decir y sobretodo hacer las cosas, ser paciente, tolerante y siempre contextualizar los hechos sin prejuicios). Ser aceptado y aceptar a todos como es el comienzo, luego la tolerancia te llevara a generar confianza sobre la base del amor.

Cabría pensar que cuanto menos trabaja uno más posibilidades tienes de experimentar la felicidad, esto es porque se produce a través de la REALIZACION (ya que no es un trabajo, sino una MISION) y se da de forma natural, no forzada.

La duradera y verdadera felicidad se consigue trabajando CONSISTENTE Y CONSTANTEMENTE en alcanzar tus objetivos a través de tu MISION, y avanzar con PASION cumpliendo tu VOCACION, mediante tu PROFESION en la dirección que te has fijado.

Esta maravilla de la alegría ETERNA se la conoce como DHARMA y no es más que el bien HACER del PROPOSITO de tu VIDA, es entonces cuando la satisfacción se derivara de realizar este DHARMA, que se basa en el antiguo principio según el cual cada uno de nosotros tiene una MISION HEROICA aquí en la tierra, ya que a todos se nos ha concedido dones y talentos que nos permitirán realizar nuestra tarea terrenal; la CLAVE está en DESCUBRIRLOS y, de paso, ENCONTRAR cuál es nuestro OBJETIVO PRIORITARIO.

El AUTOCONOCIMIENTO es el ADN del AUTOESCLARECIMIENTO (los esclarecidos se mueven por prioridades, ese es el secreto del tiempo), y para que no te pierdas con tanto proceso déjame adelantarte lo que finalmente encontraras cuando llegues a este punto, y que es: ¡SERVIR A LOS DEMAS DESINTERESADAMENTE!

El secreto del ÉXITO es la CONSTANCIA en los PROPOSITOS FIJADOS. Cuando estés en este estado de paz y armonía, vas a poder explicarte mejor y ser objetivo en tus análisis, diciendo clara y de forma precisa lo que piensas y cuidaste en el jardín de tu mente, con prudencia de modo que puedas compartir tus dones con los demás.

¡Alejarte y distanciarte de los demás quizá es una parte del proceso mientras aprendes a auto conocerte y auto esclarecer tus dudas y tu camino! El Auto dominio que vas a reconocer y re aprender (porque lo tienes no te olvides que eres un ser completo; tendrás que desaprender lo que te trajo aquí y aprender el bien HACER) y esto te otorgara la serenidad que seguirá guiando tus días en tu MISION HEROICA y te permitirá tener coraje dentro de la abundancia, pues todos venimos con DONES en MENTE, CUERPO, ALMA Y ESPIRITU.

Herramientas o ritos que resultan útiles en el proceso de auto control

Los limites los colocas tu pues recién empiezas a reconocer el potencial humano que deberás cuidar y desarrollar todos los días mediante la práctica del KAIZEN (proceso de mejora continua) del inventario de flaquezas que vayas descubriendo y re aprendiendo haciendo justamente las cosas que temes. El miedo es una respuesta condicionada que te ha creado desequilibrios que pueden bloquear tu energía, entonces eliminado el miedo va a aparecer la juventud. Venciéndote a ti mismo conseguirás la felicidad como una progresiva realización de un PROPOSITO DIGNO. Dedica al menos 1 hora diaria durante por lo menos 30 días para formar los hábitos que buscas reaprender, RENOVARTE a ti mismo es lo más importante y para ello permíteme regalarte 10 rituales de la vida radiante[11]:

1. ***Ritual de la soledad***: es un periodo obligado de PAZ, en el que al menos durante 15 minutos a la misma hora te vas a conectar con la fuente creativa para liberar la ilimitada inteligencia del Universo en un lugar tranquilo y hermoso con imágenes bellas que suavicen el alma atribulada del día a día. Conversa con la naturaleza, ojalá esto pueda ser antes de que salga el sol.

2. ***Ritual del cuerpo:*** nutre al cuerpo con vigorosos ejercicios como los del YOGA, despierta el potencial físico que te ayudara a centrar tu mente, respira un aire limpio profundamente y sentirás la salud de tu cuerpo y quietud de la mente.

---

[11] Robín S. SHARMA, "EL MONGE QUE VENDIO SU FERRARI" 1 de febrero 2015.

3. ***Ritual de la nutrición:*** Haz dieta vegetariana de preferencia, y si no lo eres, come cosas vivas como hortalizas, frutas, cereales, reduce a carne roja ya que cuesta mucho diferirla.

4. ***Ritual del saber abundante:*** al menos por media hora al día idea un aprendizaje nuevo y expande tu conocimiento, no te olvides que el saber es poder. (en potencia claro) pues para que se manifieste debe ser aplicado dentro de medidas coherentes. Sé un alumno de la vida para utilizarlo en el aula de tu existencia. Lee regularmente cosas que rieguen tu jardín (tu mente) y se muy selectivo ya que debe ser muy nutritivo, por ejemplo, biografías de hombres y mujeres que admires como por ejemplo Benjamín Franklin, Mahatma Gandhi, Siddhartha, Marco Aurelio, etc.

5. ***Ritual de la reflexión personal:*** cada día sigue conociéndote a ti mismo y a quienes te rodean, la contemplación ayuda mucho. Ten pensamientos buenos y positivos para prosperar, no maldigas que eso no nutre tu jardín, ya que para perfeccionarte debes saber que está mal, que no has hecho bien y por qué está mal, de modo que puedas meditarlo y hacer un plan para que no vuelva a pasar. Lo malo es siempre cometer los mismos errores.

6. ***Ritual del despertar anticipado:*** levántate con el sol, empieza bien el día. Huye de los extremos, haz todo con moderación. Pocas cosas son tan naturales como levantarte cuando despunta el día. El sol rejuvenece el alma, te pone de buen humor pues liberan vitalidad y renuevan el dinamismo emocional a través de sueño de calidad que te permita descansar. No comas después de las 8, y 10 min. Antes de dormir y 10 después de despertarte influyen en tu subconsciente, por lo tanto, ten los mejores pensamiento, serenos e inspiradores. Ofrece una oración de agradecimiento y trabaja en una lista

de gratitudes, escuchar buena música y reír son la mejor medicina del alma. Nos reímos porque somos felices y somos felices porque nos reímos. Poco después ve a tu santuario de silencio y piensa que harías si este fuera tu último día, la clave está en comprender su significado y no angustiarte por favor.

7. ***Ritual dela música:*** escúchala y que sea suave, relajante, natural mejor para que tu alma se nutra.

8. ***Ritual de la palabra hablada:*** existen los mantras, como: "soy fuerte, capaz y tranquilo". No te olvides que tú eres lo que piensas, entonces haz tu autoimagen. Cuida tu lenguaje y lo que decretas.

9. ***Ritual de la vida radiante:*** con un carácter congruente con todo lo que estás haciendo, ten actos y genera hábitos positivos que moldeen tu destino. Si siembras un pensamiento, vas a cosechar una acción, si siembras unos hábitos vas a cosechar un carácter, y si siembras un carácter vas a cosechar un destino. Deja de ser esclavo de tus impulsos. Se virtuoso en todo sentido que regirán sus actos por una serie de principios imperecederos. Una manera de vivir coherente y congruente con esos principios de laboriosidad, compasión, humildad, paciencia, honestidad y coraje te permitirán llegar a la armonía que da la paz interior porque estás haciendo lo correcto. ***Esto beneficiara cuando lo multipliques a las leyes de la naturaleza y del universo.*** Déjate guiar por el corazón, el carácter siempre es superior que el intelecto pues se fragua cuando obres acorde a tus principios.

10. ***Ritual de la simplicidad:*** Exígete vivir una vida sencilla, no vivir en el meollo de las cosas nimias. Deja de vivir al ritmo frenético o en el ojo del huracán, afloja la marcha y dedica tiempo a aspirar la fragancia de las proverbiales flores y rosas. Deja de usar ropa cara, abandona la adicción a leer 6 periódicos al día o ver todos los

noticieros. Olvida la necesidad de estar siempre disponible para todo el mundo. Baja tus necesidades al mínimo para sentirte satisfecho. La clave está en no hipotecar tu felicidad en la búsqueda de ese elusivo EL DORADO o creer en la historia del Rey midas.

¡No levantes el teléfono cada vez que suene, CUIDADO con los ladrones del tiempo, aprende a decir "NO"!, deja de malgastar tu tiempo leyendo propaganda, no necesitas comer 3 veces al día, renuncia al club y vive con los tuyos. ¡No uses el reloj al menos 1 día a la semana y olvídate del tiempo! ¡Ve salir el sol de vez en cuando!

No dejes de hacerlos y se volverán tus viejos hábitos, la felicidad duradera viene de esforzarse en realizar tus sueños y ayudar a os demás a hacer los suyos. Tu mejor momento es cuando te muevas hacia adelante, si estás leyendo esto ya has ganado, sigue adelante que las pequeñas victorias conducen a las grandes victorias.

El proceso de aprendizaje y retorno a tu verdadero SER

Hay personas que aprenden de los errores ajenos (los llamaremos sabios). Habemos otros que aprendemos de nuestros propios errores soportando dolor e inquietudes innecesarias toda nuestra vida. La calidad de nuestra vida se reducirá a la calidad de lo que hemos aportado. Fuérzate a hacer más y a experimentar más, obra como si el fracaso fuera posible, no limites tu imaginación y sobretodo deja de ser prisionero del pasado. NO SOMOS SERES HUMANOS CON UNA EXPERIENCIA

ESPIRITUAL, SINO QUE SOMOS SERES ESPIRITUALES CON UNA EXPERIENCIA HUMANA. El propósito dela vida es servir en consciencia, así que escucha a tu presencia, tu SER en el AHORA y déjalo fluir.

Con esto último debo decirte por si no te has dado cuenta aun, que espero que con el aprendizaje que seguro traes encima ya en este punto tú lo debes multiplicar, ¡la mano que te da unas rosas siempre conserva un poco de fragancia!, y si trabajas para ayudar a mejorar la vida de los demás, indirectamente llevaras en ese camino la tuya también.

Ten actos bondadosos todo el día y al azar, ¡la vida se enriquece y comienza a tener significado! Cambia la VISION de tu mundo y empieza a verte no puramente como un individuo solitario sino como parte de una colectividad.

- ¡Pon ese adicional para hacer del mundo un lugar mejor y más habitable!
- ¡Evita causar pena y dolor a otros ya que solo la compasión y los actos de bondad, las palabras sinceras de elogio a quienes no lo esperan, los gestos de afecto a quien lo necesita cambiara tu manera de vivir!
- Crea amigos pues dan humor y fascinación además de que embellecen tu vida y a veces son la ayuda cuando la vida nos lanza sus reveses y las cosas parecen peores de lo que son.

EL PROPOSITO SUPERIOR O HEROICO, suele ser largo y sinuoso atiborrado de pequeños diamantes, la virtud de tu vida ESCLARECIDA es ver exquisitas maravillas en las cosas más simples viviendo en el AHORA.

- ¡Nunca olvides el don de la familia, vive la infancia de tus hijos y la vejez de tus padres!
- ¡El mejor regalo a ellos es el amor y que les muestres que son lo más importante para ti!

Carlos Sánchez

La concordancia de la Leyes universales y el poder del AHORA

Mencione las leyes del Universo hace poco y quisiera compartir contigo la concordancia que existe entre lo que hemos revisado en este ensayo y las leyes del Kybalion[12], para que tú decidas como las usas pues son la esencia y complemento de todo lo que hemos hablado y versan sobre:

1. El mentalismo
2. La correspondencia
3. La vibración
4. La polaridad
5. El ritmo
6. La causalidad, y
7. La generación

Ahora veamos detalladamente como convergen estas leyes del universo, con todo el conocimiento que hemos revisado y asimilado hasta este momento, para que puedan maravillarse con el hecho de que todo y todos somos uno y que no importa el camino que tomemos, siempre llegaremos a donde decidamos hacerlo y que mejor que aprovechando todo el potencial que se nos fue entregado.

La primera, el MENTALISMO, tiene que ver con decirnos que todo es mental y debemos visualizar y creer en positivo, debes haber escuchado la frase "lo que se cree, se crea" es decir se materializa alrededor nuestro y es nuestra decisión orientarlo en positivo ya que el universo está en el interior de cada uno.

Para lograrlo debes trabajar con meditación en:

---

[12] EL Kybalion, HERMES TRIMEGISTO, Audiolibro nov 6 del 2017.

- la CONCENTRACION
- la VOLUNTAD
- la SABIDURIA.

Se encuentra en el vórtice de la coronilla y se lo llama el chakra#1

¡Para ello si me lo permiten utilizare como referencia algunas de las mejores frases del cortometraje[13] **"el circo de la mariposa!**[14] Que se los recomiendo ver en este punto de nuestro viaje:

- **Tú puedes hacer lo que quieras** (Frase que le dice un padre a un hijo al referirse al forzudo del circo del Sr. Méndez). Seguramente se trata de una frase que pasa desapercibida a lo largo del largometraje, pero es muy significativa acerca del mensaje que quiere transmitir el cortometraje. El padre le dice a su hijo que puede optar a lo que quiera en la vida y eso es así porque los niños carecen de prejuicios precisamente porque son niños. La ilusión de este niño contrasta en el siguiente plano con la cara de decepción del propio Will que ha participado de esta escena.

La segunda, la CORRESPONDENCIA, tiene que ver con contarnos del espejo exterior, que como recordaran no es nada más que una consecuencia de nuestro interior. Por ello es fundamental que nos conozcamos primero nosotros y por lo tanto cambiemos primero nosotros y provoquemos esa reacción en cadena que se reflejara en el exterior y generara el efecto multiplicador.

Para lograrlo debes trabajar con meditación en:

- el DESPERTAR DE LA CONSCIENCIA

---

[13] Santiago Moll, FRASES QUE RESUMEN EL CORTOMETRAJE EL CIRCO DE LA MARIPOSA, Junio 2014

[14] Joshua Wiegel y protagonizado, entre otros, por Eduardo Verastegui y Nick Vujicic. EL CIRCO DE LA MARIPOSA (THE BUTTERFLY CIRCUS, 2009)

- el DISERNIMIENTO
- la INTUICION

Se encuentra en el entrecejo y se lo llama el chakra#2

¡Para ello si me lo permiten utilizare como referencia algunas de las mejores frases del cortometraje[15] **"el circo de la mariposa!**[16] Que se los recomiendo ver en este punto de nuestro viaje:

- **¡Eres magnífico!** (Sr. Méndez). Esta frase se la dice el Sr. Méndez a Will la primera vez que lo ve en el circo. Will no es capaz de entender esta frase porque su auto concepto se lo impide. De ahí que reaccione escupiendo en la cara del Sr. Méndez. Lo mejor es la reacción del Sr. Méndez que es capaz de ver la frustración, la impotencia y la rabia de Will. De hecho, el Sr. Méndez le responde con esta frase: **¡Tal vez me acerqué demasiado!**

- **Pasen y vean… Tenemos el mejor espectáculo del pueblo** (Trabajador del circo). El circo del protagonista no es precisamente un circo. Se trata de un lugar donde se concentra gente marginada y repudiada por la sociedad. Gente que está fuera del sistema y que lo está por algún defecto o particularidad física. Así es como quieren que les vea la gente y, lo que es peor, así es como acaban viéndose los propios personajes que forman parte de este peculiar circo.

- **Ven cerca del fuego a calentarte un poco pequeñín** (Sr. Méndez). En esta frase hay algo que me ha gustado mucho y es la forma en la que el Sr. Méndez llama a Will: pequeñín. Lo hace con

---

[15] Santiago Moll, FRASES QUE RESUMEN EL CORTOMETRAJE EL CIRCO DE LA MARIPOSA, Junio 2014

[16] Joshua Wiegel y protagonizado, entre otros, por Eduardo Verastegui y Nick Vujicic. EL CIRCO DE LA MARIPOSA (THE BUTTERFLY CIRCUS, 2009)

un tono cariñoso, bromeando, aceptándolo en su grupo, en su circo, en su vida. En ningún momento se dirige a él refiriéndose a ninguna de sus discapacidades. Y eso es porque el Sr. Méndez ve a Will con otros ojos, con unos ojos que son capaces de ver mucho más allá de la pura apariencia, mucho más allá del aspecto físico.

La tercera, la VIBRACION, nos dice que toda muta, que todo cambia hacia su propia transformación y esto sucede por intermedio del poder del sonido el cual se manifiesta a través de nosotros mediante la palabra. Tu concretas lo que decretas con tus palabras, por ello es mandatorio cuidar la palabra: "hablar solo cuando nuestras palabras sean más dulces que nuestros silencios". Esto puede unir o separar energías, consciencias y corazones de los semejantes.

Para lograrlo debes trabajar con meditación en:

- la RESPIRACION
- el AUTO CONTROL
- la INTELIBENCIA
- la AUTO OBSERVACION (lo que hemos aprendido a través del poder del ahora, evitando afectarte por lo externo)
- la PRUDENCIA
- la PUREZA.

Se encuentra en la garganta y se lo llama el chakra#3

¡Para ello si me lo permiten utilizare como referencia algunas de las mejores frases del cortometraje[17] **"el circo**

---

[17] Santiago Moll, FRASES QUE RESUMEN EL CORTOMETRAJE EL CIRCO DE LA MARIPOSA, Junio 2014

de la mariposa![18] Que se los recomiendo ver en este punto de nuestro viaje:

- **¡Eres magnífico!** (Sr. Méndez). Esta frase se la dice el Sr. Méndez a Will la primera vez que lo ve en el circo. Will no es capaz de entender esta frase porque su auto concepto se lo impide. De ahí que reaccione escupiendo en la cara del Sr. Méndez. Lo mejor es la reacción del Sr. Méndez que es capaz de ver la frustración, la impotencia y la rabia de Will. De hecho, el Sr. Méndez le responde con esta frase: **¡Tal vez me acerqué demasiado!**
- **¿Dónde están tus brazos y manos?** (Niño del circo del Sr. Méndez). Esta frase encierra un contenido esencial. Se trata de una frase que parte de la inocencia de un niño, que parte de la sinceridad. Es una frase que no pretende herir, sino saciar la sana curiosidad de un niño. Personalmente, creo que se trata de una frase con un alto contenido simbólico y más cuando la madre del niño le recrimina que le haya hecho esa pregunta a Will.

La cuarta, la POLARIDAD, que nos dice que se mide la importancia de algo que se realiza en la vida (MISION HEORICA por ej.) en función del grado de dificultad. Esto se debe a lo que la física nos indica sobre que toda fuerza generada tiene otra contraria de igual intensidad (el principio de la acción-reacción). La vida se encarga de ponernos a todos sin excepción a prueba para fortalecer nuestra voluntad y convicción. Esas fuerzas buscan que en función de nuestras decisiones y actitudes previas asúmanos quienes somos y donde estamos pues la vida busca perfeccionarnos en función de pruebas o dificultades que se nos presentan durante nuestro paso

---

[18] Joshua Wiegel y protagonizado, entre otros, por Eduardo Verastegui y Nick Vujicic. EL CIRCO DE LA MARIPOSA (THE BUTTERFLY CIRCUS, 2009)

en forma humana aprendamos y corrijamos conscientemente y devolvamos a nuestro SER su característica de comunión con el todo.

¡Para ello si me lo permiten utilizare como referencia algunas de las mejores frases del cortometraje[19] "el circo de la mariposa![20] Que se los recomiendo ver en este punto de nuestro viaje:

- **No seas tan obtuso de no ver la belleza que puede venir de las cenizas** (Sr. Méndez). Sin duda es mi frase preferida del cortometraje. Es una frase cargada de optimismo, cargada de energía y esperanza. Una frase que te enseña que incluso el peor pasado se puede superar, que incluso de las cenizas del pasado se puede crear la belleza del presente a partir, precisamente, del auto concepto que tú tienes de ti mismo, de cómo te ves y no de cómo crees que te ven los que te rodean. Para mí esta es la gran lección del Circo de la Mariposa. Para mí esta es la gran lección de Sr. Méndez y de este cortometraje.
- **Mientras mayor es la lucha, más glorioso es el triunfo** (Sr Méndez). Otra frase extraordinaria que el Sr. Méndez le dice a Will sabiendo que tendrá que esforzarse mucho más que los demás para superar el auto concepto que tiene de sí mismo, la poca autoestima que hay en él. Se trata de una frase que invita a la lucha, al esfuerzo y al espíritu de superación. Y lo más importante es que el Sr. Méndez le está diciendo a Will que puede hacer este camino de superación de su mano y la de su Circo de la Mariposa.

---

[19] Santiago Moll, FRASES QUE RESUMEN EL CORTOMETRAJE EL CIRCO DE LA MARIPOSA, Junio 2014

[20] Joshua Wiegel y protagonizado, entre otros, por Eduardo Verastegui y Nick Vujicic. EL CIRCO DE LA MARIPOSA (THE BUTTERFLY CIRCUS, 2009)

Debemos estar clarísimos que el problema en la vida no es cuando hay obstáculos, pues eso significaría que lo que estoy haciendo no tiene TRASCENDENCIA. Ya dijo el Quijote, "ladran los perros Sancho, señal de que vamos avanzando". ¡El problema está cuando no hay problemas!

- **No la reconocerás cuando salga** [refiriéndose a la oruga del tarro] (La madre del niño del Circo de la Mariposa). Otra frase cargada de un alto contenido simbólico. Sin duda, la mariposa representa a Will, un Will que si es capaz transformar el concepto que tiene de sí mismo, será capaz de ver el enorme potencial que hay en él. Es una frase que habla de cambio o, más que cambio, de transformación, de cómo es posible cambiar lo que creemos que somos o lo que nos han hecho creer que somos.
- **¡Puedo nadar!** (Will). Es la frase de Will. Es la frase de la transformación. Es en ese preciso momento cuando Will deja de ser una oruga para convertirse en mariposa, cuando Will se da cuenta de que hay algo en este mundo que no sabía que sí sabía hacer: nadar. Y ha descubierto que sabía nadar porque ha tomado sus riesgos, ha tomado la determinación de cambiar lo que piensa sobre él, sin importarle lo que piensen o digan los demás.
- **¡Gracias!** (Una madre a Will). Quiero acabar con estas gracias porque creo que resume a la perfección todo el camino de transformación vivido por Will. Unas gracias que salen de los labios de una madre con un niño en muletas y que ve en Will el espejo en el que se puede mirar su hijo.

Para lograrlo debes trabajar con meditación en:

- la PERSEVERANCIA
- la PACIENCIA
- la TOLERANCIA

- la CONVICCION (seguridad y confianza)

Se encuentra en el CORAZON y se lo llama el chakra#4

La quinta, el RITMO, nos dice que todo va y viene, que todo cambia y fluctúa pues nada esta inmóvil ni rígido. Al contrario, debemos aprender a ser flexibles y su movimiento es como el péndulo ya que no siempre estaremos bien, así como tampoco siempre estaremos mal.

No se olviden de la sentencia que dice: **"cuando más obscura esta la noche, es señal de que el día está más cerca"**. Estos ritmos pueden llegar a conocerse y administrase por nuestra voluntad y consciencia ya que somos quienes vamos a guiar nuestra vida procurando lo mejor y aprendiendo a reconocer lo mejor.

Para lograrlo debes trabajar con meditación en:

- la VOLUNTAD
- el FE
- la CONSTANCIA
- la ESPERANZA.
- La PACIENCIA

Se encuentra en el plexo solar, ligeramente encima del estómago u ombligo y se lo llama el chakra#5.

La sexta, la CAUSALIDAD, nos habla de la causa y el efecto. Nos dice que todo es producto de una razón o motivo y todo apunta en una dirección. Esto es en que generes la EMPATIA, ya que es la regla de ORO en el comportamiento de nuestra vida, en el manejo de las relaciones INERPERSONALES, para construir una atmosfera favorable alrededor nuestro de PAZ y ARMONIA. Somos el resultado de nuestras vidas pasadas, de los actos en esta vida y todo es consecuencia de las necesidades de aprendizaje que tenemos en este preciso instante. Es decir, la forma en que gestamos nuestros pensamientos, las decisiones que tomamos y lo que sembramos en nuestro camino. Recuerdan que hablamos del BIEN HACER, de ver los diamantes en los pequeños detalles y ¡cuidar el COMO antes que el QUE! Pues en funciones de esa siembra de nuestras acciones en vidas pasadas y en esta por supuesto, cosecharemos durante nuestra actual vida el fruto de las mismas. Esta es la base del concepto de la reencarnación, y las oportunidades Y NECESIDADES de MEJORA Y APRENDIZAJE que existe en las vidas sucesivas dentro del ciclo de nuestro desarrollo y crecimiento espiritual.

Para lograrlo debes trabajar con meditación en:

- El SERVICIO con DISERNIMIENTO (diferenciar ente varias cosas, debemos aprender a distinguir y a separar el servicio y hacerlo más personalizado o perfecto a él y los hermanos que tenemos a nuestro alrededor
- la BONDAD
- Y, con DECISION (a resolverlo)

Se encuentra en los órganos genitales y se lo llama el chakra#6.

Y finalmente llegamos al séptimo, la GENERACION, que nos dice que masculino y femenino, lo positivo y lo negativo, la luz y la oscuridad, existen como opuestos necesarios para su crecimiento individual, pero de ambos y lo que busca en el universo es que se COMPLEMENTEN.

Por ello es que lo malo no es tanto así, ya que nos ayuda a valorar lo bueno.

Para lograrlo debes trabajar con meditación en:

- la COMPRENSION
- la TOLERANCIA
- el RESPETO
- el AMOR

Se encuentra en el coxis y se lo llama el chakra#7.

¡La lección no termina!

¿Cómo accionarlos?: buena pregunta. ¡Cada vez que agradecemos nos cubrimos de "una muralla de luz que cubre todo nuestro cuerpo, nada ni nadie podrá hacernos daño, en la base del circulo esta la SABIDURÍA, en el centro del circulo está el AMOR, por encima las entidades SUPERIORES cubren con su manto de LUZ y SABIDURIA unidos por el símbolo de la Santa CRUZ, Amen!

Hemos llegado casi al final de mi ensayo para que ustedes modifiquen, como lo veo y enfoco yo, a través de DIOS, tus pensamientos, sentimientos y acciones que te han puesto aquí mediante la personalidad que has desarrollado en tu proceso de crianza en esta vida. El auto conocimiento, el auto control y el auto esclarecimiento harán que tus acciones y reacciones, que son las que te definen, salgan de pensamiento y sentimientos sanos, libres de emociones negativas que dominaron y que elegimos tener en función de la interpretación que hicimos de la realidad en que vivimos. Es un tema de convicción y certeza que deberás desarrollar y decidirte a aplicar ahora que conoces un poco más del por qué esto o lo otro que ha ocurrido y quizá sigue ocurriendo en tú vida.

Dios está en nuestro corazón y su espiritualidad es la nuestra, entonces revisa si has desarrollado la paciencia, la piedad, la compasión, la tolerancia, el respeto y el amor que él nos promulgo los unos por los otros. Sugiero que a partir de este momento siempre te detengas un momento y pienses que haría DIOS en la disyuntiva en que te encuentres, con mucha fe seguro encontraras el camino de lo justo y del bien.

¡NO todo se puede confrontar, y no todo lo que se confronta cambia sin embargo nada que no confrontes cambiara!

Carlos Sánchez

Jesús jamás evito los conflictos, sin embargo, los enfrento preparado como un gran líder. Todo esto se trata de que pienses antes de reaccionar, actúa y trabaja sobre el autocontrol y el dominio de las emociones y solo al dominarlas y ser un observador sin tomarlo a personal dejaras de ser irracional y darás sentido a tu vida pues será profunda la PRESENCIA de tu verdadero SER. Te felicito por haber llegado a este punto y ahora recién empieza tu redescubrimiento a la nueva tierra en el AHORA.

Se pronto para escuchar y lento para reaccionar. Se sabio de corazón y da dulzura a tus labios ya que eso aumentara tu doctrina. Cuanto más vacío esta uno, más ruido hacemos y más atención reclamamos. Todo esto se basa en la inconsciencia o ignorancia si lo quieren ver así, y se cura con conocimiento y entendimiento. Entonces no te enojes más ni hagas ruido innecesario porque significara que no entendimos nada.

Si logras dominar tus pensamientos, entonces dominaras tus acciones y tus emociones y dominaras y refrenaras tu lengua y dominaras tu temperamento y forjaras tu verdadero carácter y caminaras en sabiduría.[21] Cuantas horas estas dispuesto a dedicarte a ti, el tiempo lo decides tú en función de tu auto conocimiento y auto esclarecimiento.

Todo este compendio de experiencias y sabiduría que he podido recopilar está dirigido a que generes tu fortaleza emocional. Que no es otra cosa que ese conjunto de recursos psicológicos que te ayudaran a enfrentar situaciones adversar sin terminar desorientado o polarizado y que consiste en tener la capacidad e mantener la calma. Mirar la situación con perspectiva y tomar acción para adaptarte al cambio detectando la emoción que hay detrás del pensamiento y posterior acto que vas a hacer, no dejándote engañar del EGO por las

---

[21] Daniel Havif, INQUEBRANTALBES 2020, Quito, Ecuador
Paseo San Francisco.

apariencias emocionales y más bien descubrir el lenguaje oculto que trae ese mensaje emocional para que lo trabajes y resuelvas en paz y con amor. Esto te hará mantenerte estable y equilibrado en tu vida.

Ya en este estado desarrollaras la fortaleza mental, ya que desde lo psicológico este es el concepto clave con tu rendimiento, ya que es la capacidad de desempeñarte de manera consistente en el rango superior de tus talentos, dones y habilidades que hayas podido capitalizar en tu vida sin importar cuales sean las circunstancias que te encuentres.

- Concéntrate solo en lo que tú puedes controlar y mejorar.
- Trata de aprender algo nuevo cada día y semana
- Mantente con un buen equilibrio emocional y trabaja con los rituales para que sean parte de tu carácter.
- Mira tú situación y/o problemas de forma objetiva, disfruta de cada momento
- Ponte retos alcanzables y sigue adelante.

Con todo esto llegaras a la fortaleza espiritual, que no es otra cosa que la virtud que te permite como individuo enfrentar, soportar, sobrevivir y vencer los obstáculos que van en contra del bien y de tu parte espiritual. Como tal, es una fuerza física y moral que te permite como individuo ser fuerte, perseverante y sin temor te llevara a vencer que sentirás en determinadas situaciones.

¡Si ya sabes que hacer y no lo haces, estas peor que antes!

La creatividad se construye con la confianza y la fortaleza mental. El equilibrio y la estabilidad mental son más importantes que el entrenamiento de una habilidad o don. Si logras estar bien contigo mismo después de una gran caída, el resto del cuerpo le sigue y funciona.

¿Cómo estas tu contigo mismo?, ¿Cómo matas tus demonios?

Gracias por acompañarme, espero que te haya servido de guía y comienzo a tu nueva existencia en consciencia en la nueva tierra en el AHORA. la mejor de las suertes.

Carlos Sánchez

BIBLIOGRAFIA

(CHOPRA, EL SINCRODESTINO (11 de noviembre de 2016))

(CHOPRA, ALMAS GEMELAS (October 12, 2011))

(CHOPRA, EL SENDERO DEL MAGO (January 2, 1997))

(CHOPRA, ILUMINACION (November 1, 2002))

(CHOPRA, LOS SEÑORES DEL A LUZ (2 de febrero de 2000))

(CHOPRA, EL LIBRO DE LOS SECRETOS (7 de enero de 2016))

(CHOPRA, CUERPOS SIN EDAD Y MENTES SIN TIEMPO (December 29, 1997))

(TOLLE, EL PODEER DEL AHORA (September 1, 2007))

(TOLLE, LA NUEVA TIERRA (1 de octubre de 2014))

(COELHO, EL ALQUIMISTA (March 19, 2018))

(COELHO, EL PEREGRINO DE COMPOSTELA 2014)

(COELHO, MANUAL DEL GUEERRERO DE LUZ (March 2004))

(COELHO, ALEPH (June 26, 2012))

(SHARMA, EL MONGE QUE VENDIO SU FERRARI (April 20, 2010))

(REDFIELD, LA NOVENA REVELACION 1994)

(ROBERT FISHER (Author) (July 27, 2005))

(COELHO, ADULTERIO (May 26, 2015))

TEMAS RELEVANTES PARA RECORDAR

---

[i] cuando nos identificamos EMOCIONALMENTE CON ALGO, esa identificación o TOMA A PERSONAL produce NEGATIVIDAD.

[ii] LA CAPACIDAD DE HONRAR Y ACEPTAR EL AHORA COMO ES Y VIENE, nos permitirá estar libres del dolor.

[iii] Una vez que el DOLOR te ha dominado, entonces solo quiere más DOLOR y se convierte en VICTIMA O VICTIMARIO

[iv] El DOLOR es una forma obscura que proyecta el EGO, y supervive por la IDENTIFICACION INCONSCIENTE que cada uno de nosotros hacemos con él

[v] Es importantísimo que con este nivel de racionalidad EVITES por todos los medios VIVIR EN ESTADO DE MIEDO

[vi] LA MUERTE ES DENUDARSE DE TODO LO QUE NO ERES, EL SECRETO ESTA EN MORIR ANTES DE MORIR Y DESCUBRIR QUE NO HAY MUERTE.

[vii] la COMPULSION[vii] que todos tuvimos de vivir casi exclusivamente a través de la memoria (pasado) y de la anticipación (futuro) ya que ninguno de los existe en el AHORA.

[viii] ÉL AHORA[viii] en cambio se constituye en algo PRECIOSO, UNICO y es el PRESENTE ETERNO mientras ocurre y es donde tú debes desarrollar y desplegar tu AMOPR, tu VIDA, tu SER. Por ello debes trabajar en meditar y colocar en silencio tus pensamientos, mandar sobre tu mente y este cambio de CONSCIENCIA de tu mente al SER en él AHORA es la clave del cambio

[ix] EL TIEMPO y la noción que tu das a lo que hacer o debes hacer lo que IMPIDE que la LUZ llegue a tu vida

[x] En este reino PRACTICO[x] la clave es vivir un día a la vez, dominando todos los aspectos de tu vida cuando debas hacerlo y solo ahí, esto hará que entres en comunión con todos los demás seres que estamos en la naturaleza

Carlos Sánchez

[xi] poner mayor atención a los pasos y tus acciones o inacciones en el AHORA, es entonces cuando recuperas el sentido de la vida y este viaje se convierte en una divertida aventura y no solamente una NECESIDAD OBSESIVA de LLEGAR, DE LOGRAR, DE CONSEGUIR algo que cuando llega no te llena

[xii] disminuimos nuestra vibración, nuestra frescura y el sentido de maravilla[xii]. La mente crea una obsesión del futuro como escape de un pasado insatisfactorio.

[xiii] Porque al que tenga se le dará más, y al que no tenga, aun lo que tiene se le quitara.

[xiv] Mientras más limitada y más egoísta sea nuestra idea de nosotros mismos, más atención prestaremos (alerta o quisquillosos) y más reaccionaremos ante las limitaciones del EGO, ante la inconsciencia de los demás, pues todos los defectos que vemos en los otros se convierten, para nosotros en su identidad y por lo tanto solo veremos el EGO en los demás, reforzando el nuestro y lo que no sabemos es que al vivir en este estado profundo de inconsciencia lo que EXPERIMENTAMOS es el EGO viendo su reflejo en los demás. Al final vamos a reconocer que aquellas cosas de los demás que nos producen una reacción también son nuestras, y a veces solo nuestras, **YA QUE ESTAMOS TOMANDO CONSCIENCIA DE NUESTRO PROPIO EGO**

[xv] **AL VERLO Y TOMAR CONSCIENCIA** entonces vamos a dar un gran paso pues **VAMOS A RECONOCER LO QUE NO SOMOS**[xv]. Es un gran paso de crecimiento y podremos liberar el obstáculo de llegar a conocernos realmente, eliminando creencias o prejuicios, pues no necesitaremos alcanzar la realización que pensábamos, **¡PUES YA SOMOS LO QUE SOMOS!**

[xvi] **La noción de lo que creemos SER, que está íntimamente relacionada con la forma como percibimos el tratamiento que recibimos de los demás.**

[xvii] la imaginación es más importante que el saber.

Carlos Sánchez